日本阳明学研究名著译丛

邓红 欧阳祯人 —— 主编

中国近世思想研究

〔日〕安田二郎 著

符方霞 译

山东人民出版社·济南

国家一级出版社 全国百佳图书出版单位

图书在版编目（CIP）数据

中国近世思想研究/（日）安田二郎著；符方霞
译.——济南：山东人民出版社，2022.1
（日本阳明学研究名著译丛）
ISBN 978-7-209-11924-5

I.①中…　Ⅱ.①安…　②符…　Ⅲ.①哲学思想—研
究—中国—近代　Ⅳ.①B25

中国版本图书馆 CIP 数据核字（2019）第 026630 号

中国近世思想研究

ZHONGGUO JINSHI SIXIANG YANJIU

[日] 安田二郎　著　符方霞　译

主管单位　山东出版传媒股份有限公司
出版发行　山东人民出版社
出 版 人　胡长青
社　　址　济南市市中区舜耕路 517 号
邮　　编　250003
电　　话　总编室（0531）82098914
　　　　　市场部（0531）82098027
网　　址　http://www.sd-book.com.cn
印　　装　山东新华印务有限公司
经　　销　新华书店

规　　格　16 开（169mm×239mm）
印　　张　8.25
字　　数　128 千字
版　　次　2022 年 1 月第 1 版
印　　次　2022 年 1 月第 1 次
ISBN 978-7-209-11924-5
定　　价　28.00 元
　　　　　如有印装质量问题，请与出版社总编室联系调换。

《日本阳明学研究名著译丛》为贵州省 2016 年度哲学社会科学规划国学单列课题（16GZGX09）。

本国学单列课题由贵州省社科规划办和贵阳孔学堂文化传播中心共同出资设立。

谨此致谢

《日本阳明学研究名著译丛》编委会

学术总顾问　郭齐勇

主　　编　邓　红　欧阳祯人

《日本阳明学研究名著译丛》总序

"阳明"是中国明代思想家王守仁（1472—1529）的号。王守仁因筑室阳明洞讲学而名声大噪，世称"阳明先生"，称他的学说以及王门学问为"阳明之学""阳明之说"等。在《明儒学案》里，王阳明本人的学术被称为"姚江之学"，弟子们被称为"王门之学"，但是"阳明学"这一称谓，当时没有在中国流传开来。

作为一门近代学科的名称，"阳明学"是个典型的"和制汉语"，出现于19世纪八九十年代的日本。在此之前，日本人对王阳明一派的学问，也沿袭中国的学问传统，称"姚江"或"王学"。19世纪末到20世纪初叶，日本出现了一场由三宅雪岭、德富苏峰、陆羯南等当时的一些鼓吹日本主义的媒体人发动的、批判明治政府以"鹿鸣馆"为表象的全盘西化政策的社会运动。他们自称这场社会运动的目的是创造日本"国民道德"，创办了一本名为《阳明学》的杂志作为运动的主要阵地，于是"阳明学"这个类似于学术流派的名称成了这场精神运动的名称。

日本阳明学虽然号称起源自中国明代王阳明的姚江学派，但有完全不同的发展历程和自己的特色。在"阳明学运动"开展期间，出版了两本日本阳明学著作，奠定了日本阳明学的学术基础。一是高濑武次郎（1869—1950）的《日本之阳明学》（1898年铁华书院出版）。《日本之阳明学》以教科书的形式，分发端、陆象山、王阳明、心即理、知行合一、日本之王学者等章节对阳明学进行了阐述。二是井上哲次郎（1855—1944）的《日本阳明学派之哲学》（富山房1900年出版），该书按流派和人物全面论述了日本阳明学派的源流、哲学内容和思想特征。这两本书给予将日本阳明学传播到中国来的梁启超、张君劢、朱谦之等以重要影响。

但是与轰轰烈烈的日本阳明学之社会运动相比，日本作为学术研究的阳明学研究一直处于低潮。直到 20 世纪 40 年代，日本京都大学出现了两个阳明学研究方面的先驱者。

一是京都大学人文研究所研究员安田二郎（1905—1945）和他著述的《中国近世思想研究》（京都弘文堂 1948 年出版）。安田认为中国古代哲学家孔子的《论语》和王阳明的《传习录》那样的语录式著作，看上去杂乱无章，但内部有着某种必然的逻辑体系，于是他运用西方哲学史手法在《传习录》和其他朱王著作中去寻找这个逻辑，此书便是他研究的结晶。

二是京都大学原教授岛田虔次（1917—2000）的著作。岛田曾写过三本关于阳明学的著作。第一本是《中国近代思维的挫折》（1949 年筑摩书店出版，1970 年修订再版）。在该书中，岛田试图从王阳明、泰州学派、李贽的思想展开过程中，寻找中国近代思想，主要是近代市民意识的"萌芽"。第二本是《朱子学与阳明学》（岩波新书 C28，1967 年出版）。该书虽然是面向社会的通俗读物，写得简单通俗易懂，岛田却自认是对自己阳明学研究的总结。作为通俗读物，该书最大的特点在于将自己的阳明学论文和著作论证过的主要观点浓缩而总结概括出来。第三本是《中国思想史研究》（2002 年由京都大学出版会出版。邓红翻译，上海古籍出版社 2009 年出版）。日本和中国学界一般认为安田和岛田开创了战后日本的阳明学研究，特别是岛田，堪称世界阳明学研究的先驱。

随后，日本九州大学文学部中国哲学史研究室涌现出了一个阳明学研究群体。第一任教授楠本正继（1886—1963）著作有《宋明时代儒学思想之研究》（东京：广池学园出版部1962年出版）、《楠本正继先生中国哲学研究》（东京：国士馆大学附属图书馆1975年出版）。著名阳明学研究者冈田武彦、荒木见悟等都是其弟子。

日本最高学府东京大学的阳明学研究代表为山井涌（1920—1990），1964—1981年任东京大学教授，《明清思想史研究》（东京大学出版会1980年出版）是他毕生研究的结晶，收集了中国近世思想史方面的19篇论文。在此之后，日本出现了山下龙二、友枝龙太郎、岩间一雄、沟口雄三、福田殖等阳明学家，延续至今。

如上所述，日本的阳明学研究发展起步较早，在很长一段时期内处于世界的领先地位，涌现出了一批世界级阳明学研究专家，出版了一系列阳明学研究的学术名著，形成了资料丰富、视野开阔、推论细腻、各当一面、深耕细掘的研究特点。他们的研究成果是全人类的共同财富，具有深远的学术意义，可为中国的阳明学研究提供借鉴。

中国的阳明学研究因为众所周知的原因在一段时期内严重滞后，但自从1978年改革开放以后，开始摆脱了教条主义的束缚，学者们积极从事学术研究活动，善于吸收外来先进成果，与海外学者特别是日本学者形成良好互动的学术局面，从而出现了一大批研究成果，掀起了一阵阵的阳明学热潮，在某些方面甚至可以说已经在世界处于领先地位。但是从整体上看，中国阳明学研究还没有完全恢复"心学固有的活泼天机状态"，还没有过日本阳明学在日本近代化进程、国民道德建设中发挥过巨大作用那样的成就，在冈田武彦式的民众启蒙和企业伦理教育的群众性实践活动方面也还有学习借鉴的余地。

本丛书以"知行合一、付诸实践"为宗旨，以吸收、参考、借鉴日本阳明学"知行合一、强调事功"的长处为主题，沿着上述日本阳明学的发展历程来翻译介绍日本阳明学研究名著。

以往也有一些日本方面的阳明学著作被翻译介绍到中国，但都显得零乱无序，既没有形成一套介绍推广日本阳明学研究成果的体制，也没有按照日本阳明学研究的历史发展来选择翻译对象，而是各取所好，有的译著甚至不是学术著作，翻译成果甚至还有不专业之处。

有鉴于此，本丛书旨在全面、系统、专业地翻译出版日本的阳明学研究成果。本丛书编委会在中日两国的中国哲学史学界集聚了一批精通中日双语的翻译人才。

本丛书的学术总顾问是武汉大学国学院院长郭齐勇教授。长期以来，郭教授为推动武汉大学乃至全国的阳明学研究，做出了极大的努力。武汉大学阳明学研究中心为这套丛书的翻译与出版做出了重要的贡献。本丛书的翻译者蒋国保教授、邓红教授都毕业于武汉大学，年青一代的陈晓杰博士、连凡博士、焦堃博士、符方霞博士、张亮博士分别毕业于日本关西大学、九州大学、京都大学和北九州大学，不仅精通日语，而且也是真正的阳明学研究的专家。陈晓杰博士、连凡博士、焦堃博士是武汉大学的在职教师，张亮博士是武汉大学的博士后，符方霞博士任教于广西师范学院外国语学院。

本丛书的日方主编邓红教授，1982年毕业于武汉大学历史系，后来于日本九州大学中国哲学史专业博士毕业，直接聆听过冈田武彦、荒木见悟、福田殖等先生的教诲，现任武汉大学中国传统文化研究中心兼职教授。本丛书的中方主编欧阳祯人教授为武汉大学阳明学研究中心主任，《阳明学研究》杂志的执行主编，中华孔子学会阳明学研究会副会长，长期从事儒家性情思想和陆王心学的研究。所以，丛书的主编和翻译者们都长期浸润于阳明学和中国思想研究，有的本人便是驰名中外的阳明学家。他们对世界阳明学的研究动向有着深刻的把握，对日本阳明学研究的历史发展了如指掌，对先行研究的优缺点有着明晰的认识，对本丛书的翻译对象都仔细研读过，选定的都是日本最经典、最具代表性的阳明学研究著作，不仅能够为中国的学者们提供最佳参考资料，为中国的读者们提供满意的读物，而且能够为当政者提供重要的借鉴。

《日本阳明学研究名著译丛》为贵州省 2016 年度哲学社会科学规划国学单列课题（16GZGX09），是武汉大学中国传统文化研究中心近年来取得的重大研究成果。本"国学单列课题"由贵州省社科规划办和贵阳孔学堂文化传播中心共同出资设立。贵州是王阳明"悟道"的圣地，多年来贵州省为中华民族优秀传统文化的传承和创新做出了巨大的贡献，贵阳市和贵阳孔学堂为阳明学研究的发展和心学的实践做出了不懈的努力，在此特致以由衷的感谢。

邓　红　欧阳祯人
2020 年 10 月吉日于武汉珞珈山麓

005

序

　　研究以《论语》为代表的中国思想时，感到最头痛的，在于思想家们的言辞都是些片段性的东西。作为片段性的结果，则是相互矛盾的词语两立并记的情况颇多。

　　对此，思想家们往往采取如下态度，即认为在这些片段性言辞的背后，有着某种程度的逻辑性思想体系。而那些片段性的言辞，则是这个思想体系表露出来的部分，在此可以发现那些没有表露出来的部分，发现贯穿着各个露出部分之间的横向线索。

　　这一方法是最常见的研究思想史的方法，因此也是最基本的方法。然而这一方法，在遇到矛盾的言辞并立时，则会感到有些困难。作为克服困难的方法，在处理多少带有暧昧性的古代文献时，往往采取将矛盾部分的一方作为后代的窜入而加以抛弃的方式。另外，对于署名明确的近代文献，考虑到思想的成长，则使用别的时代的语言。但是，有些事情是否能够如此简单地处理，就另当别论了。

　　于是，思想史家也会采取另外一种方法。那就是对那些互相矛盾的语言不做逻辑式的联系，而是进行超逻辑式的、神秘性的连接，这是学习西洋思想史的人最喜欢用的方法。但是，这一方法即使对于佛学或者佛学性思想来说是妥当的，对于在中国占统治地位的思想来说，这一妥当性也不得不让人感到某种畏惧。因为中国的统治思想对常识非常尊敬，对神秘性则非常厌恶。很难想象神秘性的统一意识在保持稳固的同时，会去使用一些互相矛盾的语言。

对此，思想史家还会采取第三种态度，那就是强调中国思想的逻辑性不足，强调那些矛盾性语言因为无逻辑性而会造成不负责任的信口开河。这样的态度对中国思想不仅缺乏同情心，还可能造成对人的不信任。在过去的中国，逻辑学作为一门学科基本上不存在是不可回避的事实。但是人性就如水一样，在任何民族中都是普通的、共通的，如是，人类自然而然拥有的逻辑性都应该有，都只不过是多少的差异罢了。

以上的三种态度，无论哪种态度都忽略了中国人的一种基本精神。

在这个民族的基本精神里，存在世界齐一感觉的同时，还经常存在一种从齐一性派生出来的对不齐一的敏感。这种敏感容易产生"天道是邪非邪"那样道家式的绝望性怀疑，对于这一点比较容易注意到，但是对不齐一的敏感，把所有的不齐一的东西都认为是齐一性的局部或者多面性的显现，对不齐一加以宽容的心态才是占主流地位的这一点，反而容易被忽视。《易经·系辞传》所说"子曰，天下何思何虑？天下同归而殊途，一致而百虑。天下何思何虑！"就是这种心态的表白。殊途必定同归，百虑必定一致。因为同归才能殊途，因为一致才能百虑。天下的所思所虑，都是一物的显现，都自然而然朝向统一。我认为，作为统一原理的思考，是自然的善意，更是作为自然善意象征的人间善意。对此暂不言及，我只是认为，在那把经书作为绝对的经典来尊重的社会里，并不存在除了那些特殊性的政治理由以外的绝对应该禁止的书物一事，便是这一事态最有力的象征。

如此这样的宽容，自然而然地会对语言产生影响。并不是没有考虑过逻辑上的关联，说完全欠缺也是很武断的，只不过这样的思维非常宽松。因此，容易产生自相矛盾的言辞并立的结果。但也不能说他们有意让矛盾并立，所以对之进行逻辑联系的企图也是武断的。也有话者自己觉察到矛盾的情况。只不过这种情况，与其说是去做神秘性统一的努力，还不如依据对人类善意不灭的信赖使之自然解决。这些同样都是人说的语言，同样也是他们自己的话。即使是"殊途"，最终也应该是回归到"一致"，这是人类语言，在同样是善意的显现这一点上是可以得到保证的。正因如此，中国的语言才经常出现片段性，不把有体系的论证当作必须。

以上事态不敢说覆盖了中国思想史的全部，但是这样的事态确实是存在的。如是，作为思想史的方法，除了以往的方法以外，至少还应该掺入如下方法。那就是在片段性词语的背后，存在有时甚至是互相矛盾的词语的共通分母，与其说是思想，毋宁说是心情，探究这一心情到底揭示了何种倾向，是很有必要的。在同一个平面追溯连接词语和词语的逻辑线索并非无用；设想互相矛盾的词语通过神秘的线索从高次元低垂，寻求高次元的连接点在很多场合下也是必要的。然而，从浮在水面的睡莲追溯垂于水底的象征性线索，我认为在何种情况下都是有必要的。这样的方法与其说是思想史的方法，不如说是文学史的方法。对此，我们应该想起过去的中国是文学性浪漫主义的国家。但是应该指出的是，这种浪漫主义往往会无意识地支配那些有意识进行抵抗的思想家们。

已故安田二郎君的立场，与我刚才阐述的方法极为接近。安田君最初修的不是中国思想史专业，他是从西洋哲学出发的，就如武内君的跋文所示，他的认识与我的认识一致，使我觉得"吾道不孤"而暗自高兴。直到去世为止，他在东方文化研究所的六年间，我作为研究室主任，处于对他的学问有所建言的立场。本书进行的以南宋朱熹（1130—1200）为中心的研究，是安田君在和我接触之前就已经有的构想。关于朱子我也缺乏批判他的研究的充分知识，更不用说明朝的陈白沙（1428—1500）和王阳明（1472—1528）了。但是我信赖他的研究方法，因为在这些论文中，从现有的研究来看，有着崭新的本质性开拓，相信它们能够成为将来的研究者的依据。安田君的去世令人惋惜，虽然他的构思还只完成了一部分，但这并不能减少本书的价值。

本书出版之际，除武内义范君①撰写了跋文之外，还得到了入矢义高②氏的编纂校正。同一系列的另外一篇论文，是论述清朝戴震的《孟子字义疏证的立场》的，故人曾将《疏证》本文翻译出来并交给养德社出版，因此附于其文末。另外其他的遗稿《朱子语类》数卷的翻译，都还保存在入矢君的手中，特此附记。

昭和二十二年（1947）夏

吉川幸次郎③

---

① 译者注：武内义范（1913—2002），京都人，日本著名佛教学者。1936 年进入京都大学文学部学习，跟随田边元学习宗教学，为安田二郎的后辈。1948 年任京都大学文学部宗教学科助教授，1959 年升任教授。著有《武内义范著作集》五卷（法藏社 1999 年）。

② 译者注：入矢义高（1910—1998），鹿儿岛人。日本著名中国文学研究者，特别在寒山诗研究方面有造诣。1932 年进入京都大学文学部学习，也是安田二郎的后辈。1948 年任东方文化研究所（京都大学人文科学研究所的前身）助教，后任名古屋大学教授、京都大学教授。

③ 译者注：吉川幸次郎（1904—1980），神户人。日本著名中国文学研究者，京都学派代表人物。1923 年进入京都帝国大学选修中国文学，为安田二郎的前辈。1931 年开始执教京都大学，1939 年任东方文化研究所经学文学研究室主任，为安田的上司。1947 年任京都大学文学部教授，历任京都大学人文科学研究所所长等职。著有《吉川幸次郎全集》二十六册。

目　录

关于朱子的"气"

——主要从存在论的侧面阐明

一

朱子在关于世界生成论中，大体站在唯物论的立场，以"气"的聚散作为说明原理。

朱子认为："天地初间只是阴阳之气。这一个气运行，磨来磨去，磨得急了，便拶许多渣滓，里面无处出，便结成个地在中央。气之清者便为天，为日月，为星辰，只在外常周环运转，地便只在中央不动，不是在下。"即所谓的浑天说系统。"天以气而依地之形，地以形而附天之气。天包乎地，地特天中之一物尔。天以气而运乎外，故地㪃在中间，隤然不动。使天之运有一息停，则地须陷下。""天地之形，如人以两盌相合，贮水于内，以手常常掉开，则水在内不出，稍住手，则水漏矣。""地之下与地之四边皆海水周流，地浮水上与天接，天包水与地。""天有黄道，有赤道。天正如一圆匣相似，赤道是那匣子相合缝处，在天之中。黄道一半在赤道之内，一半在赤道之外，东西两处与赤道相交。""南极低入地三十六度……北极高出地三十六度。""南极北极，天之枢纽，只有此处不动，如磨脐然。""天道左旋，日月星并左旋。星不是贴天。天是阴阳之气在上面，下人看，见星随天去耳。""盖天行甚健，一日一夜周三百六十五度四分度之一，又进过一度。日行速。健次于天，一日一夜周三百六十五度四分度之一，正恰好。比天进一度，则日为退一度，二日天进二度，则日为退二度。积至三百六十五日四分日之一，则天所进过之度，又恰周得本数；而日所退之度，亦恰退尽本数，逐与天会而成一年。月行迟，一日一夜三百六十五度四分度之一行不尽，比天为退了三十度有奇。""月丽天而尤迟，一日常不及天十三度十九分度之七。积二十九日九百四十分日之四百九十九而与日会。""日月相会时，日在月上，不是无光，光都载在上面一边，故地上无光。到得日月渐渐相远时，渐擦挫，月光渐渐见于下。到得望时，月光浑在下面一边。望后又渐渐光向上去。"日月以外的诸多行星也是和天一样左转。自古以来就有天道左旋，日月右转这一说法，这是从日月之健劣于天而产生的一种误解。"天道左旋，日月星并左旋。星不是贴天，天是阴阳之气在上面，下人看，见星随天去耳。"

天地以外的万物的生成也可以用气来说明，人类也不例外。"人所以生，精气聚也。人只有许多气，须有个尽时；尽则魂气归于天，形魄归于地而死矣……然人死虽终归于散，然亦未便散尽，故祭祀有感格之理。先祖世次远者，气之有无不可知。然奉祭祀者既是他子孙，毕竟只是一气，所以有感通之理。然已散者不复聚。释氏却谓人死为鬼，鬼复为人。如此，则天地间常只是许多人来来去去，更不由造化生生，必无是理。至如伯有为厉，伊川谓别是一般道理。盖其人气未当尽而强死，自是能为厉。子产为之立后，使有所归，逐不为厉，亦可谓知鬼神之情状矣。"

朱子将万物的生成，区分为"气化"和"形化"两种形式。前者是人类以及其他万物产生的方法，后者是从那儿产生的人物里产生出同类人物来。当然，两者在原理上是没有差异的，所谓的"形化"就是"形交气感"。这是为了说明高等动物能看到的生殖事实。但问题是"气化""形化"如前面所阐述的那样，前者只是在远古时代才有的现象，事到如今已经看不到同样的现象了。这是后世朱子学者们自身已经注意到了的问题。有学者如下论述："天地之初，人物无种，纯是气化。自人物有种之后，则形化虽盛，而气化亦未尝息。自今观之，人与禽兽五谷之类，凡有种者，皆形化。至若昆虫草木之类，无种而生者尚多。试以一片白地验之，虽掘至泉壤，暴晒焚烧其土，俾草木之遗种，根蘖皆尽。然一得雨露滋润，风日吹咃，则草木复生其处，此非气化而何？又若腐草为萤，朽木为蠹，湿气生虫，人气生虱之类，无非气化也。或谓形化盛而气化消者，窃以为不然。"尽管如此，朱子和这些学者们同样都是这么认为的，这可以从下面这些事实得知。"问：'生第一个人时如何？'曰：'以气化。二五之精合而成形，释家谓之化生。如今物之化生甚多，如虱然。'"这一思想反映了当时自然科学方面知识的幼稚，对此不再赘言。另一方面，这也说明气的学说不是浮在宇宙的抽象性思辨，而是把气和日常经验紧密结合的佐证。

如上所述，其是以气来说明天地为代表的万物的生成原理。但是仅用气的运行来进行说明变化无穷的现象的多样性，无论如何也不能满足知性思考。因此，朱子引用了很久以前就存在的阴阳五行概念。那么气、阴阳、五行、万物这四个存在概念，又是用什么方法怎样结合起来的呢？

对于我们来说，最自然的思考是认为四个存在概念之间或许只是阶段性的层次的不同。暂且先不管这是时间的生成论还是思维上的形而上学，而是想象通过某种限制的一气产生出二气，再通过某种限定产生五行这样的关系。事实上这样的解释在以前的学术界占支配地位。然而我们果真对这样的解释满足无碍了吗？

二

首先关于一气和二气，我们并不认为两者具有如上面所述那样的不同层次。

作为消极证据，可以举出在被认为明确表达了朱子存在论的《太极图说解》里，并没有把一气作为问题这一点。关于周子的《太极图说》，其作者果真就是周子本人吗？其传授是怎样的呢？所谓无极和太极是如何一种关系？诸如此类哲学方面的议论，自古以来就众说纷纭，但是将之作为阴阳的上位概念来思考这一点是毫无疑问的。因此，如果朱子把阴阳是在一气加以限定而生存这样的观点成立的话，用一气来解释说明太极便是非常自然的做法了。然而朱子在解说太极时，没有用"一气"二字，而是用了"理"这个字。① 这是没有把阴阳和一气放在如上所述的关系来考虑的证据。当然，朱子的这一解释因为并没有放弃"气"之外还存在"理"这一立场，所以才没有必要依据"一气"和"阴阳"关系的理论。做这样的批驳不是不可以，但毕竟没有力量。因为即使把"太极"当作"一气"来考虑，在《太极图说》中也还是可以找到"理"的蛛丝马迹。如下解释是某个学者得出的结论：儒家之言无极，始于此矣。周子之意，盖推五行而一之阴阳，推阴阳而一之太极，推太极而一之无极。太极者元气也，动者为阳，静者为阴。无极者理也。所以动而阳静而阴之故也，自理而为气，故曰：无极而太极。又曰：太极本无极也，宋史旧传作自无极而为太极，其意自可见矣。然而众所周知，朱子把无极和太极同一看待，自我封锁了解释之道。② 而且这样的同一看待未必就是基于思索不成熟的看法。因为否定两者同一性的解释，不但贯穿朱子以后的思索发展，在朱子时代已经是非常有力的学说了，朱子自身的记录便是这样。尽管如此，朱子还是顽固地主张无极和太极的同一性，以至于认为没有必要从《太极图说》中解读出"一气"来。可是否定无极太极的同一性，容易引向"无"中生"有"的老庄理论，朱子的解释自然免不了这样的归宿。然而这样的归结，如果注意不把"无

———————

① 我们只发现一处把太极当作气来阐述的地方。"太极只是一个气，迤逦分做两个气。里面动底是阳，静底是阴，又分做五气，又散为万物。"然而这看起来像是录者的主观歪曲。若说为什么，我们根据同样的录者，发现这样一条："气之精英者为神。金木水火土非神，所以为金木水火土者是神。在人则为理，所以为仁义礼智信者是也。"现在把这两条相比较的话，发现有着某种共通的思想。即认为理和气是无差别而同一对待的思想。然而主张理气绝对不同是朱子的立场，从这一立场出发，如上思想恐怕可以看出录者的主观性歪曲，对此作合理解释是不可能的。

② 见拙稿《朱子的存在论关于"理"的性质》。

极"解释成绝对的"无"的话，是很容易避免的。另外，即使从朱子本身立场出发，他也没有把"无极"认定为绝对的"无"的必要，也可以否定编织无极太极同一性这一完美理论的机缘。然而单为了这一完美的理论而去歪曲这一理论，恐怕也是不妥当的。毕竟这个同一性，是建筑在一气二气的关系的朱子理论之上。

否定一气二气的次元不同的积极性论据，可以在如下引文中发现："天地初间，只是阴阳之气。这一个气运行，磨来磨去。磨得急了，便拶许多渣滓。里面无处出，便结成个地在中央。气之清者，便为天，为日月，为星辰。"从这一段引文，我们可以认为，阴阳之气在最初的时间段是存在的，同时发现其可以替换为"一气"这一表现。这表明在"一气"和"二气"之间，无论是在时间性的生成论方面，还是在逻辑性的形而上学方面，都找不到它们的次元是不同的根据。所以，当我们把"一气"翻译成"这一个气"时，并不一定把重点放在"一个"上，从而并非"一气"的另一个表现，而是"这个气"的模糊表现而已。就如"阴阳，做一个看亦得，做两个看亦得"所示那样，一方面阴阳被当作"二气"，同时在另一方面显然又被当作"一气"。且如"这样看也行……那样看也可以"的表现那样，一气二气的区别只不过是认识上立场的不同而已。如用其他的语句来表达两者关系的话，则发现可以这样来表达："天地之间，本一气之流行而有动静尔……以其动静分之，然后有阴阳刚柔之别也。"这里的"以其动静分之"，可认为是在认识者的主体性作用里设置重点。因此这一语句在整体上不是揭示一气和二气在原理上是对立的存在，而是从同一存在而相异的立场产生出来的两个名词。也就是说，可以看成把本来具有动静限定的其一存在与其基体面相结合，并将之命名为一气，被限定的面名之为阴阳。另外，朱子也认为："阴阳有个流行底，有个定位底。一动一静互为其根，便是流行底，寒暑往来是也。分阴分阳，两仪立焉，便是定位底，天地上下四方是也。易有两义，一是变易，便是流行底；一是交易，便是对待底。

魂魄以二气言，阳是魂，阴是魄；以一气言，则伸为魂，屈为魄。"朱子还认为："阴阳，论推行底，只是一个；对峙底，则是两个。"其宛如以"一气"来命名阴阳连续性的一面，以"二气"来命名非连续性的一面。这也意味着"一气"是与基体面、"二气"是与限定面相结合而起的名。于是就这样明确了一气和二气并非不同次元的存在。

然而，如承认上述基体性和限定性是一气和二气之名成立之根据的话，一气和二气间，不论在时间的生成论上，还是在逻辑性的形而上学上，似乎都应该承认其次元的不同。换言之，现实存在二气，一气作为两者之间共通物，只不过是观念上的设想罢了。这一驳论乍一看似乎是合乎道理的，然而事实并非如此。究其原因，如前所述，朱子在阴阳上区分了非连续性和连续性，并且规定前者是"体"（实体），后者是"用"（作用、现象）。可以想见朱子期待以连续性来推测非连续性。然出人意料的是，朱子认为连续性在时间上比非连续性先行。另外，从逻辑上说："阴阳只是一气，阳之退便是阴之生，不是阳退了又别有个阴生。"从这一语句可以推测，阴阳的连续并不是非连续者的连续。所以无论采用什么样的连续方法，都不能在观念上设定非连续性对立之阴阳这两个存在，在基体同一者上是一气。建立在所谓阴阳配当法上的思维，为这个问题提供了证据。关于其详情留作后述，现在只阐述结论，那就是阴阳之存在绝非固定的阴，也非固定的阳。其只是伴随认识立场的不同而变化的阴阳限定。更确切地说，并非有阴阳存在，而是阴阳只是为某一状况取的名而已。因此，阴阳不能单单认为是思维范畴。其归根结底是气。且有时为动之气，有时为静之气。然动静的限定不是固定的，是在认识立场上的相对。阴阳既然如此，它们的非连续性在真实意义上不是非连续性的，在连续上则是非连续性的，都只是一气在相态上的变易而已。

这种情况需要注意的是，阴阳如上述那样的话，即使可以说阴阳的时间连续，也不能说空间上的并存这样。然而一气不是单纯的存在，而是复合存在。即便是在这种情况下，为了防止退回到把阴阳当作两个对立的非连续存在的解释，对其构成复合态部分，一定要拒绝将阴阳固定化。为了具体地说明这一观点，我们以如下语句为例："'分阴分阳，两仪立焉。'两仪是天地，与画卦两仪意思又别……浑沦未判，阴阳之气，混合幽暗。及其既分，中间放得开阔光朗，而两仪始立。"阴阳之气以混合状态进入空间秩序时，能说明天地是由此成立的。然而不能认为就如油和水从混合到分离这样的关系。也就是说，阴和阳虽然对立，但并非它们分裂以前就已经是阴和阳了。其在性质上不是非阴非阳。分裂以前虽然还是阴阳，混合状况时的阴阳之限定和与分裂状况时的阴阳限定不一定是同一的。赘言之，阴阳的限定不是孤立存在，而是可以看作与其他存在相关联的。

这样我们便明白了为什么认定一气和阴阳在次元上的不同是很困难的。

三

我们下面要继续考察阴阳和五行的关系。这可以如上所述那样揭示出阴阳的性格。

朱子认为："有阴阳，则一变一合而五行具。"乍一看，阴阳是和五行不同次元的存在，被认为是揭示了生存论式的前存在或者形而上学的基体。"阴阳气也，生此五行之质。天地生物，五行独先。地即是土，土便包含许多金木之类。天地之间，何事而非五行？五行阴阳七者滚合，便是生物底材料。"这句话揭示了相对五行，阴阳不是形而上学的基体，而是生成论式的前存在，同时也是和五行共同作用的同时性存在。因此，从阴阳产生五行，不是意味着阴阳整体变化成五行这个整体，只不过是前者的一部分变化成后者的意思。"气积为质"，指有质者为气的凝结，也即阴阳的一部分凝固而产生五行。为此还必须阐明阴阳和五行为何相互作用，于是他回答道："天道流行，发育万物，有理而后有气。虽是一时都有，毕竟以理为主，人得之以有生。气之清者为气，浊者为质。知觉运动，阳之为也；形体，阴之为也。"可是对阴阳如果只作上面那样解释的话，这一条语句意思是完全理解不通的。然而就如后面明确的那样，阴阳由气质配当，这一段话也不例外。因此，不妨在原理上理解为以气为人的精神，以质为人的肉体。如此精神和肉体两者相结合的人类，可谓一般性存在的典范。在这里有着不得不以气质两原理的同一次元性来说明存在和相互作用的理由。

如上所述，暂且可理解为阴阳是气，五行是质。然而两者的关系并非如此简单。首先，朱子在其他地方还认为："阴阳是气，五行是质。有这质，所以做得物事出来。五行虽是质，他又有五行之气做这物事，方得。然却是阴阳二气截做这五个，不是阴阳外别有五行。"① 如此的话，就能明白朱子把五行的气和阴阳同样看待。因此，如果将朱子的存在论体系化的话，构成万物的原理是五行的气和质，前者的别名分为一气二气两个名字。

然而如此体系化不免有些草率。这可从如下语句看出："有阴阳，则一变一合而五行具。然五行者，质具于地，而气行于天者也。以质而语其生之序，则曰水火木金土，而水木，阳也；火金，阴也。以气而语其行之序，则曰木火土金水，而木火，阳也；金水，阴也。又统而言之，则气阳而质阴也；又错而言之，则动阳而静阴也。"究其原因，是因为前面说的"阴阳是气，五行是质"。然而现在是"气是阳，质是阴"。这一语句中，只有五行的质是由阴阳配当组成的。这里存在难以否定的矛盾。

然而我们在如此矛盾事态的这一点上，反倒能找到关于阴阳的特殊思想的痕迹。即我们注目现在引用的语句的话，五行的气和质接受三重的阴

---

① 《朱子语录》卷一，舒高录。对把最后那句的"五行"解释成"五行之气"也许会有异论。详细地说，这也许可以认为是指五行的气和质的全体，然而文章为了区别阴阳和五行或者质和气，最后那句五行指的就是整个五行的气质，这样来考虑的话恐怕有些不顺当吧。话虽如此，从大局来看的话，这不会误解朱子的思想。因为对暂且平衡区别开来的气和质，朱子的思考方式有特异。以下我们的意图最终是明确这一点，这么说也不为过。因此不需要深入论证。

阳配当这一事实，引起了我们的注意。并且五行的气和质不是在一定的性质上存立，而是在不断地生成。三重的阴阳配当是同时性的，只不过相应认识立场而变化罢了。像"在质（或者气）上的观点"，"统一而言"，"交错的话"这样的表现，就揭示了如上观点。因此与其说阴阳的限定是孤立存在，不如说是在某个状况存在，就像某些学者主张的那样，阴阳不只是基于思想范畴而得到的。我们在前面就已经阐述过，五行的气和质大致不同，然而不是全无关系，后者只不过是前者凝固而成。现在通过从经验事实冷静推断思考这一凝固的话，便可以得到五行之气限定为动、五行之质限定为静的气的表象。另外，即使是同样的气质，也可以认为有些部分是静的，其他部分是动的。像这样思考的话，暂且可认为"气是阳，质是阴"，而且各自都有阴阳配当的理由。换言之，阴阳的限定不是孤立存在的存在性，而是在不同状况下存在的限定性，在此阴阳不是被作为思维范畴使用，而是基于所有的存在在根源上都是一气的连续观。如果只就这一句而言，我们的如上解释不免有些任意的危险。然而前举"阴阳是气"这样的语句也有些危险。也即我们方才所说的气原本是接受了阴阳配当的质，也只是限于气这一观念。"阴阳是气"这样的语句正确地反映了这一点，反之，这一语句的存在被认为连质都被配当的阴阳始终延续了这一限定。阴阳配当和这一限定之间，就如我们前面叙述的那样，不仅存在不能否认的矛盾，事实上甚至可以说，在后者也能发现前者底流的连续性的极端表现。

当然，这一表现和"五行是质"并列在一起，也可以执拗地倡导出这一语句的阴阳和被五行配当的阴阳是不同的驳论。"阴阳是气，生此五行的质等"这样的语句阐明了阴阳和五行的质是相互作用的，这正好成了驳论更有利的证据。然而事实上，驳论是由我们充分地理解了所谓"连续观"意思而产生的。我们现在接受存在是接受了阴阳配当，意味着那是气之观念。乍一看这是通过气观念的扩张而进行的。详细地来说，气之所以是气是因它跟质是对立的，但和气有区别的质通过再次作为气被观念化，在此可以看到气概念有所扩张。然而事实上，如果这里没有扩张，就看不到朱子思考的特征吗？也即，质即使跟气相比呈现出不同的状态，它真实的实体也是气，这里有所谓"作为气的观念化"的意思。换言之，阴阳不单单是气，相对于质是有配当的，阴阳包含气和质，或者假定是两者的共通基体，并非次元不同的存在。阴阳说到底是和质对立的气，并且是被质配当。因这里的连续观是真的连续观。所谓的连续观，并不是把不同的两种存在当作共通的同一实体观念来考虑的意思。"阴阳是气"与"五行是质"的对立被认为反映了连续观的一面。这显然与我们的解释不矛盾。

然而在此之下承认五行里气质有别，又说"阴阳是气，五行是质"，意味着气的概念主要是与阴阳概念相结合。与此有关，回想起阴阳和五行（质）的相互作用，五行的气和质屡次被提到这一事实，就如我们反复叙述的那样，从把阴阳与五行（质）相对配当的这点来看的话，无疑如此阐述阴阳和五行（质）的相互作用会经常招来误解。而且既然五行也有气和质的区别的话，想要避开的话是能避开的。尽管如此，朱子硬要在气和阴阳的概念构成上揭示其关系的密切。与此同时，我们必须考虑《太极图说》对朱子的影响。周子说："无极之真，二五之精，妙合而凝，乾道成男，坤道成女。"这句话明显可以认为和朱子的立场极其类似。而且我们对此的理解，应该不仅仅停留在表面，也必须要知道其内在联系。就如我们前面明确地论述过的那样，朱子阐述阴阳和五行（质）的相互作用时，其内面有连续观的支撑。详细地来说，朱子尽管一方面平衡二气和五行（质），另一方面又认为两者是有区别的。尽管如此，我们在周子的上述语录中，也可以找到同样的思维方式。究其原因，是因为周子在上述话中接下来就说："二气交感，化生万物。万物生生，而变化无穷焉。"这就意味着把暂且区别出来的二气和五行，在"二气"概念的基础上再度加以平衡。他还说"五行一阴阳也"，便是这一思想的表现。如此看来，周子和朱子都具有同样的连续观，类似"无极之真，二五之精"这些语句，反映了连续观的内面，这是非常明确的事实。于是在这一点上，我们可以确认周子对朱子的影响很深。某些学者对于周子的上述言语只限于字面上的解释，说与朱子立场相矛盾，为解决这个矛盾而煞费苦心。将周子的思想和朱子思想加以调和不是没有理由的这一点除外，其他的努力是徒劳的。

如前所述，在此还可以看到万物和五行之气以及质的关系，也即可以从将万物看作是五行之气和质的要素的结合这一点来把握。而且通过这一结合，气和质都不会产生任何变化。这看起来有如完全是当作机械性的结合似的理解。作为其当然归结，我们由此也看到了连续观的深入浸透，也即阴阳、五行与万物配当。这一结论从如下引用的语句可以轻易地观察到："统言阴阳，只是两端，而阴中自分阴阳，阳中亦有阴阳。'乾道成男，坤道成女。'男虽属阳，而不可谓其无阴；女虽属阴，亦不可谓其无阳。人身气属阳，而气有阴阳；血属阴，而血有阴阳。至如五行，'天一生水'，阳生阴也；而壬癸属水，壬是阳，癸是阴。'地二生火'，阴生阳也；而丙丁属火，丙是阳，丁是阴。"就像我们前面说的那样，阴阳的限定是在某个状况的存在，因此才用"存在"这样一般的概念来说明阴阳观。

由此看来，朱子的存在论有两个理论支柱。所有的存在被认为是阴阳构成的二元，这是第一支柱。正因为如此，所有的存在需要一种气的连续观构成其表里。这一连续观是朱子存在论的第二支柱，而且这个第二支柱的重要性一点不亚于前者。

我们在前面认为，一气和二气是不同的两个原理，只是提出根据同一原理认识的立场不同而取的两个名字罢了。这个解释的真实含义在此也显现出来了。也即如上所述，朱子的二元论同时也是一元论，一元论同时也是二元论。这里存在边用相同的原理，边取两个名字的理由。

四

朱子到底达到了何种立场呢？

我们在此可以确认朱子受到张子的一神两化论的影响，也即"一物两体，气也。一故神（两在故不测），两故化（推行于一），此天之所以参也"。这句话明显与朱子的立场类似。朱子本身也极力赞赏这一说法，他说"横渠说得极好"，"横渠此说极精"，更进一步说明："'一故神'，横渠亲注云：'两在故不测。'只是这一物，却周行乎事物之间。如所谓阴阳、屈伸、往来、上下，以至于行乎什百千万之中，无非这一个物事，所以谓'两在故不测'。'两故化'，注云：'推行乎一。'凡天下之事，一不能化，惟两而后能化。且如一阴一阳，始能化生万物。虽是两个，要之亦是推行乎此一尔。"可见完全不可能否认张子对朱子立场的影响。

然而我们要警惕把朱子的立场和一神两化说相结合而经常犯的错误，也即将一神两化说和与此相关的朱子的言论，加以张子思想等于朱子思想的认知。特别是朱子的有关言论，存在二元论与所谓的化生概念相结合的性格，这有可能被认为是和两性生殖的事实相结合。与此相反，存在的一元论（连续观）不得不抱有如概念性思辨的产物之感。然而事实上并非一定如此，与其说那是概念性的不如说是直观性的。

若是如此，支撑这个连续观的表象又是如何呢？为了明确这一点，就必须知道诸存在最终被观念化了的气为何物。我们在上面就已经阐述过，气是一种物质，这是很容易假定得到的。因此剩下的只不过是什么种类的物质这样的问题而已了。那么关于气，可以用如下译语来说明："激发生命原理或许是蒸汽。"（德勒兹 Gilles）"醚，空气状的流动体，生命力或者流动体，原初的蒸汽。"（威廉 Williams）"空气。"（马克瑞希 Mc Clatchie）"原初的以太。"（布鲁斯 Bruce）"瓦斯状空气似的物质。"（勒加尔 Le Gall）

"现在我们笼统地思考经验界的事物构成要素的微物质。"（后藤俊瑞氏）……然而这些语句中除去最后一句，其他的都是大同小异，归根到底都变成勒加尔（Le Gall）所谓的"瓦斯状空气似的物质"。因此解释最终分为勒加尔（Le Gall）和后藤氏的解释。若是如此，要说到底哪个是正确的，当然是前者了。作为确认这一结论的线索，可以朱子的太虚解释为例。那么到底是什么样的呢？

切入这一点之前，需要知道张子自身是如何把太虚观念化的。首先，太虚无疑是无形的气。因为："太虚无形，气之本体，其聚其散，变化之客形尔。"若此，太虚和万物又是什么样的关系呢？为了弄明白这些，我们举出如下语句："太虚不能无气，气不能不聚而为万物，万物不能不散而为太虚。"这些语句中可以看到两种解释。第一种就是胡居仁的解释。他说："言太虚不能不聚而为万物则可，言万物不能不散而为太虚则不可。聚则生，散则尽，物理之自然，岂又散去为太虚者？太虚亦不待万物散而为也。"照这样解释的话，张子所谓的"气聚而为万物"意味着太虚之整体为万物，"万物不能不散而为太虚"则意味着太虚等待万物的散去而存在。所以太虚和万物之间，被认为是轮回转生那样一物和一物的关系。与此相反，顾炎武认为张子的言论包含《系辞传》的"精气为物，游魂为变"、《祭义》的"骨肉死于下，阴为野士"相似的思想，还说陈师道关于《系辞传》的言论是主张轮回说，引用邵实的言论来进行反驳："聚而有体，谓之物；散而无形，谓之变。唯物也，故散必于其所聚；唯变也，故聚不必于其所散。是故聚以气聚，散以气散。昧于散者，其说也佛；荒于聚者，其说也仙。"

根据这一解释，"太虚聚万物"的意思是太虚的一部分为万物，万物散太虚是指万物散后不是归结为无，而是以无形的状态存续。因此太虚和万物不是轮回转生式的存在的两个阶段，而是同时存在的，所以意味着空间上并存的两种样态。因此这一解释与前面解释的概念性相比更为直观。若是如此，两者到底哪个是正确的，我们毫不犹豫地选择后者。究其原因，

013

是因为我们可以还可以举出如下语句："气之聚散于太虚，犹冰凝释于水，知太虚即气，则无无。""气块然太虚，升降飞扬，未尝止息，易所谓'细缊'，庄生所谓'生物以息相吹'、'野马'者与！此虚实、动静之机，阴阳、刚柔之始。浮而上者阳之清，降而下者阴之浊，其感通聚结，为风雨，为雪霜，万品之流形，山川之融结，糟粕煨烬，无非教也。"这些语句都与其说把握了太虚与万物的概念性，还不如说揭示了其直观性。犹冰凝释于水，万物出自太虚，包含于太虚，还在太虚中散去。万物只不过是无形气的太虚渣滓罢了。

在这里张子的如下言论引人注目："知虚空即气，则有无、隐显、神化、性命通一无二，顾聚散、出入、形不形，能推本所从来，则深于易者也。若谓虚能生气，则虚无穷，气有限，体用殊绝，入老氏'有生于无'自然之论，不识所谓有无混一之常；若谓万象为太虚中所见之物，则物与虚不相资，形自形，性自性，形性、天人不相待而有，陷于浮屠以山河大地为见病之说。"指出所谓虚空和太虚是同一物，如从字面来理解的话，万物存在于太虚中，如果这不符合张子的真意的话，那么我们前面的解释则不成立。但是我们如果把上述话语当作从把太虚以无立场出发的立论的话，也没有从这个立场放弃"虚空即气"的论点，对此必须注意。若说原因，则是因为张子还说："知太虚即气，则无无。"尽管如此，他还认为："知虚空即气，则有无、隐显……通一无二。"然而只要站在这一立场，万物存太虚就明显会导向张子的结论。与此相反，假设站在张子本来的"虚空即气"这一立场的话，这一结论也并非不可避免。与其否定张子的万物存在于太虚中，不如说为了肯定它而思考太虚为何物，关于这一点是值得推敲的，也督促我们反省。话虽如此，为了使这个解释成立，和太虚产气这一学说相应的论证也是有必要的。然而在"虚无穷，气有限"中，气不是意味着所谓一般的气，而是被认为有形的气，也即万物的意思。另外，从太虚和气的关系问题到太虚和万物的关系问题，突如其来地锋尖一转，说不可解也是不可解的，愈加引导我们走向揣测。假设这一揣测是正确的话，张子是这样解释的：用太虚的一部分产万物这样的概念来表现，从这样的思考方式出发，指出把太虚当无这样的立场会导出不合理的结论。然而揣测说到底是揣测，没有充足的论据。仅限于此，即使对于万物存在于太虚中学说的批判，决断性的判断也必须要节制。然而如上言论，把太虚当无立场出发的考察是成问题的，从张子自身本来的立场出发的考察被怠慢也是必然的。太虚是无形之意可以理解成无，只是在此忽略了太虚的存有性，所以这句话存在片面性，好在其没有成为我们的解释的绊脚石。

如上所述，张子的太虚是无形的气，而这无形的气包含作为有形之气的万物。这是以张子的所谓气是瓦斯状空气的物质为前提的。因为如果反之气是原子性的东西的话，那么说太虚或者虚空是气存在的场所是最自然不过的了。"太虚无形，气之本体""太虚即气"等这些表现则完全不可能。因为如果不承认无即空虚的话，原子论的成立是不可能的。太虚诸规定以瓦斯状空气状这样的性质为前提这一点是不可否定的。

五

朱子的太虚解释明确了这一点。

问"气块然太虚，升降飞扬，未尝止息"。曰："此张子所谓'虚空即气'也。盖天在四畔，地居其中，减得一尺地，遂有一尺气，但人不见耳。此是未成形者。"问："虚实以阴阳言否？"曰："以有无言。及至'浮而上，降而下'，则已成形者。若所谓'山川之融结，糟粕煨烬'，即是气之渣滓。要之，皆是示人以理。"关于天地当时的常识到底是怎么样的不是十分明确，但无疑是把天地当作上下关系来考虑，承认两者之间是没有任何存在的空虚。与这些常识相反，把天地当作内外关系的同时，不承认两者间有空极、间隙是朱子天地观的特色。即天是无形的气，地是有形的气，前者无一点间隙而包围后者。"减得一尺地，遂有一尺气"揭示了天包地的方式的周匝性，也即天包地时，假设一尺的地减去的话，那就会产生一尺的空虚。然而事实上并非如此，只不过产生一尺无形的气。换言之，只不过增加一尺天的范围。就这样天包地里是没有间隙的。那么，在太极解释里带出的天地观中，朱子是如何理解太虚的呢？据朱子所言，首先，太虚毕竟是未成形的气。其次，与万物相对不是形而上学的基体，也不是简单的生成论式的前存在。这是先于有形的存在而存在的同时，也是包围现在有形存在的无形存在。据朱子所言，太虚是和万物同时存在的，这可从下面的话得知。"'气块然太虚，升降飞扬，未尝止息'，此是言一气混沌之初，天地未判之时，为复亘古今如此？"曰："只是统说，只今便如此。"

从如上来看的话，朱子正确理解了张子的真意，与气的瓦斯空气状性质相结合来理解太虚是很明确的了。但是这里的"问：'横渠云"太虚即气"，太虚何所指？'曰：'他亦指理，但说得不分晓。'"就成了一个问题。这被认为完全颠覆了如上所说。然而在另一方面，朱子又明言："如'太和''太虚''虚空'云者，止是说气。"因此，如上言论恐怕只不过是一时的错觉罢了。引起如此错觉肯定有某种理由。但我们暂且把它当作后面的问题，至少不妨如上所述理解朱子的最终解释。

我们在探究朱子的太虚解说到底为何物时，知道了气是瓦斯状空气状的物质。若是如此，把气解释为原子性的东西是否正确呢？"乾阳坤阴，此天地之气。塞乎两间，而人物之所资以为体者也。"有些学者根据朱子的这些论述，把气解释为原子性的东西。即从前点来看的话，把气解释为极其细微的东西，但就如后面的语句所说的那样，从成人或物之形体这一点出发的话，那是有量的了，从塞满天地间这一点出发的话，那是无数的。从量和数这点考虑出发的话，就明确是微物质的。然而这些论证完全是错误的。为了明确这一事实，推敲前面的话就够了。因为只要不能确认气是极微的物，"人物之所资以为体者也"这一句中气是有量的，"塞于（天地）两间"这一句是存有无数的，这些都不能成为论据。因为前一点我们确实无法理解出气是极其微小的东西。话虽如此，也许是对能入极微间隙得到的极微事物而加以的驳论吧。于是姑且认为其是正确的，不得不理解气为极微物。究其原因，是因为能够成为极微之大就可以了，没有任何必要从一开始便是极微物。

这么看来，气不是原子性的物质，而可确定是瓦斯状空气状的物质。有形的诸存在的生成和消灭只能是气的浓厚化和稀薄化。存在的全体是连续的一者，看起来非连续性的有形存在，是在这个连续性上产生的凝结。在朱子的存在论中，和二元论互为表里的连续观确实由存在的表象支撑。然而从逻辑上精炼出来的连续观，仅是从单纯的自然哲学的直观引出的话，这便是非常危险的了。毋庸置疑，前者只是从后者获得营养素。这就是与其说朱子的连续观是概念抽象性的，还不如说是直观具象性的理由。

六

关于前面的问题，还有必要考察朱子关于太虚和阴阳关系的解释。因为其揭示了朱子如何坚守一神两化说。就像前面叙述的那样，张子说"气块然太虚，升降飞扬，未尝止息……此虚实、动静之机，阴阳、刚柔之始。浮而上者阳之清，降而下者阴之浊"，但是"虚实、动静之机，阴阳、刚柔之始"这两句经常容易被解释成与一神两化说是矛盾的。例如，朱子的一名弟子便发出了如下疑问：这不就是虚实动静是以气并在其上出现的，阴阳刚柔是以气并根据气才进入存在的意思吗？因为如果这个解释是正确的话，那就会产生太虚和阴阳是外在面结合而成的结论，并非一身两体。然而朱子对于弟子的发问答道实和动即阳，虚和静即阴，认为如果勉强要分开的话，虚实动静是作用性的，阴阳刚柔只不过是针对基体形性而言，因此把虚实动静这两句看成两个就是谬论。从这一回答我们可以窥见朱子的思想，当然其回避问题的要点是不可否定的。因此发问者当即又问："'始'字之义如何？"朱子辩论道："只是说如个生物底母子相似，万物都从这里生出去。上文说'升降飞扬'，便含这虚实动静两句在里面了。所以虚实动静阴阳刚柔者，便是这升降飞扬者为之，非两般也。至'浮而上者阳之清，降而下者阴之浊'，此两句便是例。"根据这段话，可知太虚是阴阳产生的根源。仅此可以看出太虚和阴阳不是同一的存在。然而上面这段话说的应该是阴阳表现的根源不是一般阴阳，而是从万物来理解的阴阳。这个意思从说明"始"字开始，讲"只是说如个生物底母子相似，万物都从这里生出去……"便可以得知。另外，"至浮上者阳之清……这两句便是例"这一句话亦是根据。因为浮而上者和降而下者意味着只是阴阳的一个例子。另一方面，我们可以从"浮而上者阳之清，降而下者阴之浊"这一句话可以看出，这里讲述的是所谓阴阳是万物的阴阳。因此，我们能知道如上语句未必是太虚和阴阳分歧的原理。与此相反，对"升降者是阴阳之两端，飞扬者是游气之纷扰"这句话，朱子是这么回答的："此只是说阴阳之两端。"在这里，太虚和阴阳不是两样的存在就已经很明确了。

根据如上事实，我们可以看到朱子坚守一神两化学说的坚定态度。换言之，把一元论假定为两元论，相反把二元论假定为一元论，构成了张子和朱子存在论的思维核心。

然而，关于一即二、二即一这样的事态是如何产生的，导致朱子和张子诀别？这一事态从形式逻辑的要求来说，不得不说是一种矛盾。因此，可认为气是不可能性的可能性，即包含神秘性。这从朱子对张子"一神两化"的"神"字作的解释，可知正是这个意思。然而相对于张子从气中求得神秘性原因，朱子则寻求内存于气里的理，这是朱子和张子根本的不同点。

朱子说："'动而无静，静而无动者，物也。'此言形而下之器也。形而下者则不能通，故方其动时，则无了那静；方其静时，则无了那动。如水只是水，火只是火。就人言之，语则不默，默则不语；以物言之，飞则不植，植则不飞是也。'动而无动，静而无静'，非不动不静，此言形而上之理也。理则神而莫测，方其动时，未尝不静，故曰'无动'；方其静时，未尝不动，故曰'无静'。静中有动，动中有静，静而能动，动而能静，阳中有阴，阴中有阳，错综无穷是也。"这一段话，在承认与阴阳相对的一和二存在这样神秘的性格的同时，承认阴阳自身受形式逻辑支配的立场，在这样的性格原因上寻求内存于阴阳的理。所以，这乍一看将理和阴阳同一看待，被物否定了的阴阳的神秘性格，在阴阳那里得到了承认。从朱子的精神来说，理和阴阳决不能同一看待。对此不需要引用其他文章来论证。仅此一条中，给理冠上"形而上学"这样的限定词，便可说反映了把理和气严加区分的意识。将阴阳和物在原理上当作别的东西这种不合理的事态，也可以从我们的叙述中窥见。因此，这句话想说的意思，便只能如我们上述的那样了。

与此相反，张子不承认理的存在，企图从气那里寻求气的神秘性原因。关于这个立场的不同，张子说："太虚为清，清则无碍，无碍故神；反清为浊，浊则碍，碍则形。"朱子的批判如下："明道说：'气外无神，神外无气。谓清者为神，则浊者非神乎？'后来亦有人与横渠说。横渠却云：'清者可以该浊，虚者可以该实。'却不知'形而上者'还他是理，'形而下者'还他是器。既说是虚，便是与实对了；既说是清，便是与浊对了。"这一段话可说正确地抓住了张子的本意。据此，太虚虽为清，但不是单纯地与浊相对立的意思。同时正因为浊则必须清。正是贯穿存在多样的连续的一者必须清。对此，朱子的批判似乎认为，只要太虚是气，便不能拥有神秘性。然而反过来思考的话，朱子在这一批判起初反而承认气的神秘的性格。从这里我们可以推测朱子承认气的神秘性格的同时，并不是从气而是从理去寻找其原因。在前面的场合，朱子认为只有理才有这种神秘性格。从朱子的言论那里，我们可以得知理的世界不是直接认识可以得到，而是这一状态必须以气为线索。反之也包含了理的性格必须由气反映这一点。于是可以得出结论，本身没有神秘性格的气，通过与理的结合获得了神秘性。

这么看来的话，朱子和张子立场的不同就已经很明确了。回过头来看，这是把理放置于存在论中最高的原理位置，还是把作为气的太虚替代它而造成的相违，我们在此可以追踪到朱子思维中的张子因素和程子因素。

最后我们认为，前述对朱子的太虚的理解的相违，实际上是相关立场不同的反映，也即太虚对于张子来说是最高的原理，理对于朱子来说也是最高的原理。如上所述，主张应该对太虚适用形式逻辑的理论，是朱子把太虚气概念化的佐证。对朱子把太虚看成理的言论感到相违的理由，也可以在此得到。

结　语

以上我们归纳了气存在论的各种性格。然而关于气，还有许多应该思考的问题。即使把问题仅限制在纯粹存在论的领域，也还残存它和理是如何被媒介了的这样重要的问题。当然，关于这个问题我们还是做了一些讨论。然而这还只是简单地在外表关系上的把握。这一把握必须更加深入到内在关系。由此气的存在论的阐明，才能进入最后的完工阶段。同样这也适用于理。我们曾经发现理的根源性意义。这并非意味着我们只是简单地把"理"理解成"被思维的东西"这样的意思。理当然不是主观性的，说到底必须是客观性的存在。然而"意义"上的理，其又是如何带来客观性的呢？只是把理从中分离出来考察的话，那恐怕不能充分回答这个问题。我们认为这必须从注视理和气的媒介事实，才能找到解决问题的关键。这一媒介问题可谓朱子存在论的最后课题。

然而，关于这一难题，我想还是以后再做详细的研究吧。

关于朱子的存在论中"理"的性质

　　"理"这一概念在朱子的存在论中无疑占有相当重要地位了。然而关于其性质和原理的解释，至今虽有许多尝试，却未有能让我们十分认同的。本篇的目的就是要针对这个问题的解决提出一些方向。

　　以往的解释——也就是近代的说法——多少有意识无意识地受到了希腊哲学的影响。而其可分为两个倾向，一个是接近理式（eidos）①的概念，另一个是接近逻各斯（logos）的概念。当然这种区分不是绝对的，因为有的解释同时包含了这两个倾向。勒加尔（Stanislas Le Gall）一方面解释理时使用了"形相和质料"，而在另一方面把"理"说成是西塞罗（Cicero）所说的"在我们之中的支配之神"、维吉尔（Vergilius）所说的"引发动的内在之精"、"驱动物之魂"、罗马人所谓"命运"等那样的东西，就如同把和斯多葛学派（Stoa）的逻各斯（logos）直接或间接相关的概念一视同仁。而早在古希腊罗马时代，亚历山大（Alexandria）学派的哲学家培伦便将理式（eidos）等同逻各斯（logos），也可说刚才提到的那个区别可能是毫无意义的。然而，理式（eidos）和逻各斯（logos）的确应该要区别开来，因为从对"理"的解释来看，将二者区别开来是合理的，至少是方便的。那么这些解释究竟是否接近了理的概念的核心呢？我们并不这么认为。尽管理与理式（eidos）和逻各斯（logos），特别是与后者有明显的相似，但是在某一本质的点上必须把两者区分开来。下面我将按顺序加以阐述。

----

　　① 译者注：Eidos 在中文里有很多种翻译法，本文翻译为"理式"，并附上原词eidos。而 Idea 在中文里也有很多种翻译法，本文翻译为"理念"以对应"理式"，并附上原词idea。

众所周知，在柏拉图（Platon）那里，理念（idea）的世界只能在思维中才能把握到，并与感觉的世界相对立。在这一点上，"理"与理念（idea）有着明显的相似。围绕着《太极图说》开头的五个字"无极而太极"的朱子理论，特别明确地表示这一点。简而言之，这五个字的意思是，太极绝不会成为感觉的对象，它只是形成宇宙之万物根底的原理，并不是说在太极之外还有无极的存在。然而这个解释并不能让一般的学者马上接受，特别是陆子方面受到强烈反对这一事，[①] 乃是众所周知的。那么，那些反对者把无极、太极解释成二物的原因是什么呢？在朱子看来，误解是由"而"字引起的。具体来说，在《太极图说》的下文有"动而生阳……静而生阴"二句，用"生"字来表现了阴阳是从太极而来的，所以人们就会误解"无极而太极"中的"而"也是同样的意思，即认为"无"衍生了"有"。

那么，应该怎样正确解释"而"这个字呢？"无极而太极"这句话并不是说在太极之外还有无极，而是说在无之中自然存在太极这一理，但是不能把无极直接当作太极的意思。"无极而太极"中的"而"有一定的意思，其表示没有高低的次元。"极"这个字在朱子看来，是和北极、屋极、皇极、民极一样是"至极"的意思。特别是这些"极"一般被解释为"中"的意思，因为"极"处于这些东西的中心，而不是说"极"就是中心。原来的意思只能理解为"至极无以所加"。用"太极"一词来表现的原理是宇宙万物终极的根本，所以才得其名。这样的原理即所谓"太极无方所，无形体，无地位可顿放"那样，不能用"有"的范畴来把握。这样"太极"才得到了"无极"之名。周子因为害怕人们会在太极之外寻求太极，所以才用无极来形容。既已命名为无极，就不可以在有的道理观点上去勉强寻求之。这句话正是说明了这样的思想。这样一来，不能在"有"的范畴把

---

① 据《象山年谱》所载，无极太极争论是在淳熙十四年（公元1187年，朱子五十八岁，陆子四十九岁）开始的。当时争论的激烈程度可以在《朱子文集》卷五十四《答诸葛诚之第一书》，《象山全集》卷十五《与唐司法书》等窥见得到。

握太极，"太极"必须是"无极"的，但如果把太极之名放在无极之名之下的话，这一原理又失去了万物终极根本的可能性。不管怎样，这种情况下，"无"如果单只是对"有"的否定而成为"无"内容且空虚的概念的话，就成为不了"有"之万物的根本。反言之，其要得到万物的根本，就必须既是"无"又是"有"，也就是要把"太极"之名提高到与"无极"一样的高度。这就是为什么在前面我要花费精力来解释"而"字的理由。

那么，既是"无"又是"有"，这究竟是怎样一回事呢？首先不用多说，这并不是能用来描述物品的"有"。在此"理"的概念登场。所谓"太极非是别为一物，即阴阳而在阴阳，即五行而在五行，即万物而在万物，只是一个理而已。因其极至，故名曰太极"有这样一个思想，即太极之物作为物是"无"，但作为"理"是"有"。但作为"理"之"有"和作为"物"之"无"绝不是偶然结合的。当然不能说后者一定蕴含前者，但前者一定蕴含后者。

因此，当把太极作为理来把握之时，它的"无"一定会附随着"有"的性格。不，应该说太极、无极这两个名称只是表现了"理"所具备的根本性格。我觉得下面这句话正说明了这个道理："所谓'无极而太极'，虽不能掌握'有'的范围，但它其实只是作为理的'有'。"也就是朱子认为，本义的"有"是属于物的，但是理的"有"只是在这个条件下的话并不存在，而是以物的"有"为前提的。太极虽然作为理的"有"，但其实是因为物的"理"才能到达真正的"有"。太极只是二气五行的理，因为从"二气五行之理"的"理"来看其是"无"，如果从"二气五行之理"的"二气五行"来看的话，其就是"有"。无疑这样的"理"是不会成为直接感觉的对象的。关于这件事，在后面提到的"四端说"中将会很好地表现出来。也就是说，性（理）是不能直接被掌握的，只能从与之对应的情（气）的存在中推理出它的存在。这样一来，便很容易地理解"理"和理念（idea）有着明显的相似性。

　　但是就此马上来议论理和理念（idea）在思想上的血缘关系的话就太危险了。因为，现在稍稍深入考察一下，就能发现二者之间有着与相似程度一样明显的差别。比如，在柏拉图看来，理念（idea）作为"真实的存在"是恒存的、不变的、永远的，反之，感觉性的东西只是其一时的"现象"或"影子"，仅在这一点上两者的区别就很明显了。因为朱子认为，在感觉的世界把握幻象的东西是佛教性立场的特征，无疑会受到激烈的攻击。但是两者的区别并不单单在这一点上，特别是如此不同的存在和思想血缘性存在并不一定矛盾。以此对照哲学史上的事实，也会发现亚里士多德的理式（eidos）和柏拉图的理念（idea）之间并不一定是相掩的概念，尽管如此，要否定两者的血缘也是完全不可能的。从这一点来看，就算"理"和理念（idea）不是相同的，但至少还是可以解释为"理"是属于理念（idea）思想系统的一个变种。

　　然而事实上，刚才所说的血缘关系，在"理"和理念（idea），或者是一般性的理式（edois）之间并不存在。因为必须考虑到"理"和理念（idea）都不是感觉的对象。这个"考虑"一词非常重要。希腊语的"考虑"并不是单纯的概念性的思考，其本来的意思是"看"。这样，理念（idea）本来是看得见的东西，而且必须是一边看一边能进行思考的东西，所以就算不是感觉的意思，也肯定是跟文字一样是"形相"的。但是"理"没有这样的意思。这并不是只根据之前所引用的"太极无方所，无形体，无地位可顿放"而下的判断。因为这里所谓的形体，并不一定是理式（eidos）那样更深入的意思，而应该与感觉上的意思相关。但是在朱子的思维中，明显有着忌讳一般性的"形"的倾向，这一点与喜欢"形"的希腊思维有着显著的区别。所以自然可以预想到，把这种思维产物存在的最高原理的理与表象性结合起来，是非常危险的。对理的表象性进行否定的决定性论据，在于"理"和理式（eidos）作为相对概念，必然和"质料"概念没有什么关系。这一概念的本质点在于，它本身是无限定无性质的东西，只有接受形相之后才成为被限定的存在。可是作为"理"概念的相对概念的"气"，却完全没有这样的性质。特别如"如阴阳五行错综不失条绪，便是理"所说那样，承认了气的"质料"性意义，才能赋予其有利的论据。反之，如果"理"不存在时阴阳五行就会陷入混沌无秩序的状态，这不是因为阴阳五行是无限定无性质的东西，而是因为各自发挥的性质不能调和所致罢了。在刚刚引用的那句话后接着这样一句话：气不聚合之时，理亦无处附着。从这句话中可以推测出气并不像质料那样是单纯被动的原理。尤其是对下位的质料来说是形相的物品，对更上位的形相来说是质料，如果站在这样的亚里士多德的发展论观点来看的话，阴阳五行的限定性，也不会阻碍它是质料。

但是，把亚里士多德的观点放到朱子的存在论中是十分危险的。这个观点的特征在于，其不只是单纯地在外面的关系层面上将形相和质料结合，而是认为两者的关系是：后者是潜在的前者，因此后者把现阶段的前者当作自己的完成态并以此为目标而运动。但是就算把理气作为形相质料来看待是正确的，显然也并不是把它们放在这样的目的论的关系上的。有些学者区分一气——二气——五行——万物存在的次元，认为一气是二气乃至万物这一系列整体的底部不变的根基，其本身则是无限定无性质的"质料因"，在它之上逐渐加入新的形相而生成了二气之后的发展系列，这个给予形相的原理也就是"理"，之前我们讨论了"理"是"形相因"这个问题，仅此而已吧。在那里已经完全没有放入亚里士多德式的目的论的余地了。

但是，如上区别一气之后直到万物存在的次元是否有足够的论据这一点，至少还是个疑问。关于这个问题的详细说明就放在别的小章节中吧，现在先说一下结论。

首先，无论如何都很难看到一气和二气之间有次元的区别。也就是说，二气并不是在一气上加入某个限定而生成的另一个次元的存在，它只是一气的两个部分而已。而且这些部分是有自我同一性的，详细而言，并不一定是固定的阴或阳，而是根据所在的状况，也就是根据认识的观点，相对地阴阳的限定也会有所变化。至于五行，虽然五行之气和五行之质是有区别的，但是它们和二气是完全一样的东西。反过来，五行之质和二气之间大概是有形态上的区别的。但是这个五行之质，在另一方面接受阴阳的分配。换言之，是被当作二气来看待的。

其次，万物被认为是五行之气和质的结合，但是这样的结合对五行的哪一个气质来说，都不会有任何形态上的变化，所以只能得出一个结论，那就是万物亦是受阴阳配当的。这么看来，一气至万物的四个存在并不像论者所说的那样是结合在简单的关系之下的。所以从那里推论不出质料性意义的存在概念。也就是说，理和质料的概念是没有关系的，所以就不能解释说它和理念（idea）有直接关系。朱子把程子所说"冲漠无朕，万象森然已具"看作是太极的表现，有一个学者把这句话翻译为"Void like the boundless desert, but filled with innumerable forms like a dense forest"，并指出其与柏拉图的理念（idea）论很接近。但是其他的点暂且不说，从朱子的用法来看，"万象"这个词必须理解成和"万物"是同一个意思，所以这个翻译并不一定正确。因此，根据程子的这句话，认为"理"和理式（eidos）的概念相近这一想法也是错误的。

那么，究竟理和逻各斯（logos）是否存在直接关系呢？

斯多葛学派（Stoa）赋予了逻各斯（logos）最大意义的体系，甚至有人说光从斯多葛学派（Stoa）的历史剪下一些来就能书写逻各斯（logos）的历史。大家知道，斯多葛学派（stoa）的先驱是赫拉克利特（Herakleitos）。赫拉克利特（Herakleitos）认为，宇宙的所有现象都是根源于火的原理的质的变化。这个火不只是单纯地生、被动或动的物质，而且自己拥有完全不会破的秩序，并拥有根据其来进行变化的十分确实的理性的法则。要说那个法则的内容是什么的话，它是没有停止的永远的生成，这就是逻各斯（logos）。而且生成是根据对立斗争进行的，所以可以确认后者和逻各斯（logos）之间有着同一性。这是命运，也是必然的。

但是正如某个学者所说，逻各斯（logos）不是在火之上先于火所存在的最高的世界形成性原理。其正是火本身，火和逻各斯（logos）只不过是同一原理的两个面。所以逻各斯（logos）不能是非物质之物，反之没有逻各斯（logos）的物质之物也是不可想象的。逻各斯（logos）渗透在所有物中，存在于每个地方，驱动着万物。它也不是像某个学者所主张的是拥有知性和意识之物，而是像其他学者所正确指出的那样，它只是世界发展的过程中客观的理性，所以和安纳萨戈拉斯（Anaxagoras）的"精神"（nous）有着本质上的不同。由于逻各斯（logos）是这样普遍的存在，所以遵循它对正确认识是很有必要的。但是大多数人依然只抱着自己个人的想法在生活。不管是在认识上还是在行为上，埋头于普遍的永远的生成中是道德的，但是把自己封闭在自我的核心里，或是固执于某种特殊的假象的存在是不道德的。综上所述，逻各斯（logos）必须是支配的，逻各斯（logos）的支配甚至波及国家的指导。所谓"所有人类的规则都是由同一个神的规则来维持的"。

如果逻各斯（logos）是像前面所描述的那样的话，它和"理"之间存在的类似和区别就很明显了。如前所述，理是万物的根底，还有就是前面提到过的阴阳五行相互结合渗透却不失秩序，正是因为理这句话中可以知道的，它也是给宇宙带来秩序的原理。太极是理，动静是气。气一活动，理也随着活动。两者是相互依存，绝不能分开的。可以比喻为太极是人，动静是马。马是让人乘坐之物，人是坐在马上的，马一进一出，人也跟着一进一出。虽然"一动一静"，太极之妙在于无处不在。这就是所谓的"所乘之机"之意。这句话说明了理是遍布在宇宙中的原理，并且它就像安纳萨戈拉斯（Anaxagoras）所说的"精神"（nous）一样，不拥有知性和意识，这在气凝结可以产出物，但理与之相反没有情意也没有知性，不能产出物这句话中得到了充分的说明。人类的行为必须和理一致，这也是人类的规则。关于这一点在下面的句子中可以理解到：说到万物究竟如何，它们各自一定有各自是如此存在的原因和各自如此存在的规则，这就是所谓的理。"天与命，性与理，四者之别，天则就其自然者言之，命则就其流行而赋于物者言之，性则就其全体而万物所得以为生者言之，理则就其事事物物各有其则者言之。到得合而言之，则天即理也，命即性也，性即理也。"或者更一般地来讲，从所谓"格物穷理"是道德的实践的不可或缺的条件这一点上也能看到。

同时，认为道德的行为从根本上意味着参与天地孕育的《中庸》和《易》的思想传统，和认为埋头于永远的生成是善的安纳萨戈拉斯（Anaxagoras）的思想是一脉相承的。反之，非道德的行为封闭在自我之核中，只认为自己的见解才是善的并依赖于此，根据这一说法并斟酌以下两句话，可以得出结论：如果不济私那就是公，是公就是仁。光是公不能说就是仁，但只有公没有私的话那就是仁。现在如果只看一下两者的话，当然会对我们凭什么理由说出后者感到困惑。

朱子在另一方面却说公就是终极的克己。和前面的仁被看作是一样的"公"的意思相反，后面那句话里的"公"是不是可以认为没有那么严密呢？也就是确实远离所谓的自私自利，在这个程度上就是公了，但其实指的不是脱离根源上的自我意识的态度吗？如果这样理解的话，"公就是无私"这一句话就有了充分的理由了吧。如果真的是这样的话，就可以容易地理解为恶不只是自私自利，而是封闭于根源的自我核心中的这一行为。就如从围绕着后续中提到的四端说的朱子的理论中所知的，礼或辞让被认为是善的行为的必然契机之一，这也是基于同一种思想。因为，所谓礼，即是包含着天理应现的文饰、人事应该遵循之而实行的威仪。和则意味着给人以余裕的威严感。而礼的实质虽然是严肃的，但都是以自然之理为根基的，所以它表现出来的相一定是给人以余裕的威严感。由此可以想象，礼必须是没有棱角的柔和之物。但是有棱角的东西并不只是自私自利，而必须是在其根源处有根基。这样看来，恶究竟是被看作何物这一事也就自然明了了吧。

那么尽管有着以上这么多的相似，但是还是不得不否定"理"和逻各斯（logos）是相似的概念。其中最大的不同点在于，逻各斯（logos）有物质性的和精神性的两个面，而"理"不管在哪一个意思里都没有物质性。关于这一点在之前已经反复说明，所以应该是很明确的，现在就不多做解释了，只是要提醒大家注意："理"虽然是给宇宙带来秩序的原理，但就像"气凝结可以产出物，但理与之相反没有情意也没有知性，不能产出物。但只要气一凝聚，理就存在其中了……理是洁净空阔的存在，没有形迹。理是不能产出物的"所说的那样，完全否定了力的观念。这样，理就作为在所有意义上完全洗清了物质性的原理和气相对立，与此对应的，"命"被分为两类一事，也表明了"理"和逻各斯（logos）是有分歧的。也就是朱子所说的"同样都是命这一个字，'天命之谓性'的命意味着被赋予万物的理，'性也，有命焉'的命则意味着被赋予万物的生得中有多寡厚薄的区别"。所谓"命运"说的是后者，而非前者。所以把"理"和继承了赫拉克利特（Herakleitos）的"命运"系统的斯多葛学派的"命运"（fatum）看作是同一物，便明显是错误的。心（psyche）和逻各斯（logos）、心和理，这二者的关系的区别，是基于一元论和二元论的区别的。"心具有性情"这一有名的理论就是这样的二元论的反映。以上那样的诸多区别，完全可以得出"理"与逻各斯（logos）之间是没有任何血缘关系的结论。当然，我们不能断言赫拉克利特（Herakleitos）的逻各斯（logos）是逻各斯（logos）的唯一形态，且后来的历史事实表明，他的逻各斯（logos）思想发生了诸多变化。从而和理式（eidos）同样，即使在同一情况下，以上的区别究竟是否关系到本质的点上这一问题还需斟酌。

我们已经在物质性这一点上讨论了赫拉克利特（Herakleitos）的逻各斯（logos）和理的根本区别。但是这对于普遍的逻各斯（logos）来说是否真的妥当呢？我不这样认为。众所周知，和赫拉克利特（Herakleitos）以及斯多葛学派（stoa）并驾齐驱的在希腊的逻各斯（logos）思想的历史上影响过一段时期的培伦力图把逻各斯（logos）从唯物论中清除。而且，"理"不是理性之力这一点也同样不能成为否定"理"和逻各斯（logos）之间血缘关系的理由。留基波（Leukippos）认为，逻各斯（logos）既不是理性的法则也不是理性之力，它只是作为一个没有它什么都不能生起的存在理由从而偶然性地对立的东西。

其实逻各斯（logos）本来特征和"讲述"有关，逻各斯（logos）的本来意思就是"能够讲述"。这个说法追溯于逻各斯（logos）的词源是意味着"讲述"的 λόγοs 一词，所以逻各斯（logos）作为"话"的意思是一个极其普遍的用法。而希腊的哲学家早就发现，统一意义上的逻各斯（logos）有着"话"（oratio）和"理性"（ratio）这两个意思。其最初的表现得到了亚里士多德的承认，即把它分为"外在的逻各斯（logos）"和"内心的逻各斯（logos）"，并更明确地把前者称作"随声音而产生的逻各斯（logos）"。

把这一区分又更明确地作为各自的课题进行研究的是斯多葛学派（stoa）。他们认为，作为普遍的逻各斯（logos）的一部分存在于人类中的是"内具的逻各斯（logos）"，而把它用语言表现在外的就变成"外发的逻各斯（logos）"。后者被直接用来表达"说话"的意思，这种场合下理性的意思相对减弱。本来发出这个词跟声音有关的，在这一点上，它作为精神的内容，与声音的根基部分的"讲述"（λόγοs）区别开来。但是外发的逻各斯（logos）并不是非理性的话或无意义的言语，例如有着"根据知性而发出的有意义的声音"这一规定，便很好地说明了这一点。不只是这样，"声音"这个词在词源上本身就有"理性之光"的意思，也即"在理性中照明的东西"之意。并且，理性从声音那里生成出来，也即胸的上部，可见二者的关系是十分密切的。还有"知性是把从想象力得到的东西通过逻各斯（logos）向外发出"这一说法。这样看来，可以知道逻各斯（logos）和说话是不能分开的。

相反，在朱子还是在其他学者那里都看不到把"理"和说话结合起来的努力，也很难认为朱子所说的"理"的意思是从"可以讲述"那里引申出来的。那么，"理"的原始意义究竟是什么呢？我认为那就是"可以思考"。

这一说法在朱子关于程子的"人生气禀，理有善恶"这一句的论述中表现得最为明确。朱子认为："'人生气禀，理有善恶'，此'理'字，不是说实理，犹云理当如此。""'人生气禀，理有善恶'，'理'只作'合'字看。"也就是说，他把此处的"理"说成是"可以思考"的根据或"意义"。朱子经常在这一意义上使用"理"字。如："仁不可言至。仁者，义理之言，不是地位之言，地位则可以言至。又不是孝弟在这里，仁在那里，便由孝弟以至仁，无此理。""'而'字自分明。下云：'动而生阳，静而生阴。'说一'生'字，便是见其自太极来，今曰'而'，则只是一理。""所谓理与气，此决是二物。但在物上看，则二物浑沦，不可分开各在一处，然不害二物之各为一物也；若在理上看，则虽未有物而已有物之理，然亦但有其理而已，未尝实有是物也。"同样的用法不止是在这几句中。从此明显可以看出，"理"的最根源的意义是从"可以思考"而来的。总的来说，"思考"一事在本质上要求它客观的妥当性。能保证这一客观妥当性的，必须是拥有自身客观存在的东西。作为这一客观性的依据，一般可以想到的就是理，譬如作为宇宙论原理，它的意思就是从那里引申出来的。也就是说，它的客观性的一面渐渐被强调，然后便从逻辑性发展到了宇宙论。但无疑在后者之中并未失去前者的意思。这是因为"理"不是在"有"的范围内把握得住的东西，更详细地说，对"理"的力观念的彻底否定，"理"虽然内在于物却不能直接被把握，只能在推测它的存在时才能看到。"理"一方面作为存在的最高原理，是比意味事实性存在的"气"更高的存在，

031

但在另一方面，它又必须和"气"结合才能得到真的存在性，在这种意义上才能看到"理"作为宇宙论原理的根本性质。这个说法乍一看会觉得是难解的自相矛盾，但是如果"理"是作为意义的存在的话，那就是自然而然的了。因为，作为意义的存在在意义上是比事实的存在更先一步的，但又必须是在存在之上来预想事实的存在的。

换言之，朱子的存在论如果把重点放在意义上时是"理"的一元论，把重点放在存在上时则是理气的二元论，这正反映了"理"的性质。"所谓理与气，此决是二物。但在物上看，则二物浑沦，不可分开各在一处，然不害二物之各为一物也；若在理上看，则虽未有物而已有物之理，然亦但有其理而已，未尝实有是物也。"这乍一看十分难理解的句子，恐怕要像上面所说那样来解释才行吧。也就是将上面译文中的"物""物的存在"换成"事实的存在"，"从理上"及"理的存在"中的"理"换成"意义"。

作为"意义"的"理"的性质，在朱子的人间论，特别是所谓"四端之说"中也有出现。其认为，人间的善之行为可分为四个契机，即恻隐、羞恶、辞让（或辞逊）、是非。恻隐是指爱人，羞恶是指与客观的规定一致，辞让是指完全去掉我性的柔和态度，是非是指善恶的辨别。这些虽都是以情为名之物，但并不是说它们不是不伴随肉体运动的所谓感情，只是说它们是在伴随着行为的精神活动中，把重点放在感情上。

其次，这些虽然都被认为是各自独立的行为，但实际上它们只是一个善的行为的契机，在各自的行为中各自更正面出现而已。这在解释程子的所谓"偏言之仁，专言之仁"的朱子的理论中得到了很好的阐述。如对"仁包四者。然恻隐之端，如何贯得是非、羞恶、辞逊之类？"这一疑问，其回答："恻隐只是动处。接事物时，皆是此心先拥出来的，其间却自有羞恶、是非之别，所以恻隐又贯四端。如春和则发生，夏则长茂，以至秋冬，皆是一气，只是这个生意。"这些所谓"四情"，又效仿孟子，四端即是仁义礼智。所谓"端，绪也。因其情之发，而性之本然可得而见，犹有物在中而绪见于外也"。

关于孟子的所谓"端"，向来解释都不同，例如赵岐把它解释为"首"，伪孙疏把它解释为"本"。如此一来，可以认为恻隐就是仁之行为的细微处，将其发展助长后便变成仁。关于这些解释的态度，在朱子对程子所说"孝弟为仁之本"作的解释里可以看到。也就是说，朱子认为"仁不可言至。仁者，义理之言，不是地位之言，地位则可以言至，又不是孝弟在这里，仁在那里，便由孝弟以至仁，无此理。如所谓'何事于仁，必也圣乎'，圣，却是地位之言"。从而可知恻隐和仁的关系也不是发展助长前者就可到达后者。显然，朱子反对把"端"解释为"首"或"本"。

对于蔡季通把"端"解释为"尾"的解释，其回答道："以体用言之，有体而后有用，故端亦可谓之尾。若以始终言之，则四端是始发处，故亦可以端绪言之，二说各有所指，自不相碍也。"总而言之，四情的根底中有四性。虽然不能直接把握四性本身，但可以根据四情来确认它们的存在。因为两者之间存在着体用始终的关系。然而这里对所谓体用始终这一词的理解不一定是在严格的意义上的。因为，如果从严格的意义上来解释的话，体用意味着实体和现象乃至作用，始终意味着存在的时间性经过，所以性和情是同一原理的两个形态。从"人性虽同，禀气不能无偏重。有得木气重者，则恻隐之心常多，而羞恶、辞逊、是非之心，为其所塞而不发；有得金气重者，则羞恶之心常多，而恻隐、辞逊、是非之心，为其所塞而不发。水火亦然，唯阴阳合德，五性全备，然后中正而为圣人也。"这段话可推测出，情最终应当被看作是气的作用。

本来这一句就只是意味着五行的不调和会阻碍性的圆满发现，并不能确定情和气的同一性。当看到"凡人之能言语动作，思虑营为，皆气也，而理存焉"这句话时，这一疑问就会自然消解了。也即他认为恻隐是木气的作用，羞恶是金气的作用。可见体用始终之言也并非严格意义上的理解。那这是什么意思呢？为了把这件事弄清楚，最好研究一下朱子关于"信"

033

的理论。

据朱子说，信是与土行对应的理，它的端即是忠信。忠信是伴随着善之行为的诚实度，因此必须要承认其必然的契机，而且这个契机是将所谓四情在概念上有所区别。因此朱子有时把性说成是仁义礼智信五者。但在其他时候他还是像之前阐述的那样，把信排除掉说为四性。这究竟是源于怎样的理由呢？不用说这是源于历史上有四端说和五行说这一范畴上的数的不同，并且在事实上也是有所根据的。即朱子认为"四端之信，犹五行之土，无定位，无成名，无专气。而水火金木无不待是以生者。故土于四行无不在，于四时则寄王焉，其理亦犹是也"。也就是说，四情之所以是四情是因为以忠信为契机，所以所谓四端也包含忠信在其中。如此一来，让四情的"存在"变为事实的，正是忠信的契机，反之，忠信却不能成为一个独立的存在，从一点上来说，它的成立实际上会受到"存在"的制约。信其实就是这样的"存在"。认为仁和其他各项是理也源于同样的想法。也就是说，同理恻隐是"恻隐的存在"一事，必须既是"恻隐的存在"也是"恻隐本身"。而且这些事实的根底处必须要有使之成立的根据。我认为前面的事实的根据是信，后面的事实的根据是仁。即如果信和系辞相关的话，就可以说四性和宾辞相关。这样，性和情、理和气的关系就自然明了了。那不是同一存在形态的变化，而是事实和根据、存在和意义的关系。

这样一看来，就能很清楚地知道逻各斯（logos）和"理"是本质上不同的东西了。"可以思考"和"可以讲述"可能会被说成是同一的。但是"可以讲述"其实就是"可以表现"，从这一点来讲在某个意义上可以和表象性连接在一起。从这里我们可以找到同样都是希腊人的思维，却认为存在的最高原理是逻各斯（logos）概念或是理式（eidos）概念之分的理由。反过来，"可以思考"并不一定意味着包含表象性。我认为至少对"理"来说是这样的。从这一点来看，就很难承认逻各斯（logos）和"理"有血缘关系了。

这样一来，朱子的理归根结底是"意义"。从一开始它就不只是单纯的观念性的东西，同时也是客观的存在。这样的东西被当作存在论的最高原理。但这是基于什么样的理由呢？如果从存在论就是存在论这一点来看，"意义"等这些存在就算不是无用的，但是并不适合作为最高原理吧？我们去追寻这个理由时，一定会碰到朱子存在论的道德论性格。本来，朱子式思维的出发点是道德性实践理论这一事是不该否定的事实。但这个观点至少要有两个前提，即在现实中存在恶，但是人类本来就是能够创造善的存在。因此必须分清楚事实、存在的世界和理想、意义的世界。而后者和前者一样是必须要求有实在性的。不，后者是理想，是意义，所以正因为如此更要求有实在性。这点朱子自身早就感悟到了。在回答程子的"善固性也，恶亦不可不谓之性也"的这句话是否与孟子抵悟时，朱子说："这般所在难说，卒乍理会未得。某旧时初看亦自疑，但看来看去，自是分明，今定是不错，不相误，只着工夫子细看。"这样的转向一定是因前述感悟而得来的。并且，人类的行为本来就是善，但如果只偏向一方的话那就是恶，从如此中庸的观点来解释程子的话，应该说是基于意义优越于事实这一思想，是要求意义优越于事实的实在性的表现。

035

如此，才是把"理"推到了宇宙论原理这一高度的契机。要把"理"设定为宇宙论的原理，一定有着从它的存在中汲取出的一种法则性、秩序性，微妙而神奇的直觉和力量。但是如果只是为了说明这一点的话，光用气就够了。因此气不但不是死板的原理，还是一个带有生气论色彩的原理。所以，把宇宙的有法则的东西、神的东西归为气的作用也不是不可能的，事实上，张子的气说就有这样的倾向。这样看来，"理"能够从"气"独立出来并作为最高原理达到宇宙论水平，应该来说主要是因为它的道德性意义。然而只在意义的世界里承认实在性，对于道德论的立场来说，免不了在不同方向里偏向的危险。在此就有在存在的面上理气二元论登场的理由了。戴震曾经就朱子把人类具有的理当成善、把气当成恶的原理这一点进行过批判，说"理既完全自足，难于言学以明理，故不得不分理气为二本而咎形气"，真是一言道破天机。

附　言

在出版之际，通读了全文，却还有不甚满意的地方。其中最大的不满在于，理还留有很明显的主观性观念的色彩。但是对朱子来说它只是一个客观的存在。它虽是这样一个客观的存在，但在另一方面作为"意义"的存在却带有一些主观性，这就是这个概念的秘密。那么，这个问题的彻底的解说就关系到存在论中的主观客观的问题了。在这一章节中，我们并没有忘记这一点。但也不能说我们把它彻底地想清楚了。暂不说其他点，就光在这一点上，本文明显有着不周全的地方。

尤其这个问题离开了气的问题就解决不了。因为理带着的客观性是因为它把气作为媒介。从这一点来说，比起把它作为本文的对象，还不如另寻其他机会去讨论它。

关于遗留下的问题就用以上的三言两语来概括了，还望读者诸君指教。

关于朱子的习惯问题——绪论

关于这个主题有必要进行充分的论述，但拙文不准备对此深入讨论。我们当前的课题，是指出这一问题在朱子的整个思想中所占据的位置和重要性。所以称作绪论。

—①

在朱子的伦理学中这个体系主要是称作实践的那个部分，必须先指出习惯的重要意义。

为了明确这一点，首先要指出的是朱子对《论语》首章的"学而时习之"的解释。为此先要注意到朱子承认这一句话有重要意义这一点。这从《集注》对整个《学而篇》都作了注释这件事大体可以想象出来，"虽孔子教人，也只是'学而时习之'。若不去时习，则人都不奈你何。这是孔门弟子编集，只把这个作第一件"。《语类》中的这一条，就直截了当地揭示了其重要性。

那么，"学而时习之"到底是怎么回事呢？暂且不把"时"作为问题，"学而时习之"就是反复练习或模仿后再反复，将之习惯化。关于"学习"二字，《集注》是这样简洁而含蓄地说明的："学之为言效也。人性皆善，而觉有先后，后觉者必效先觉之所为，乃可以明善而复其初也。习，鸟数

037

---

① 译者注：原文没有章节，只是按照论述的意思提了一行。翻译时为了便于阅读，分了章节。

飞也。学之不已，如鸟数飞也。"现在没有空闲对它一一解释，另外我想当前也没必要，总之，学习无疑就是反复模仿的意思。其次，关于这句话，《语类》云："惟学之久，则心与理一。而周流泛应，无不曲当矣。""心与理一"到底是何种状态我们放到后面讨论，在这里则是指在学习结果达到的境地中，行为在可能的场合始终都是合乎法则的。如果注意这一点的话那就足够了。与境地相关就是习惯。如曾对习惯做过出色分析的拉维松 (Ravaisson)① 所说的那样，习惯是因为作为某种变化的结果，产生它并恰好与变化相关联而获得的东西，一旦获得的习惯一般是恒常性的存在方式，而变化是暂时性的东西，习惯就是超越这一结果变化的存续。于是习惯只要是习惯，即它本身的本质上，只与其产生的变化相关联，即为了可能性变化而存续……因此习惯不仅是简单的状态，也是素质、能力。简而言之，学习就是某种习惯的获得。

其次关于"时"，《集注》把"时"解释为"有时"，当然这肯定不是日语中的"时时"，而含有"适当的时候"或者"经常"和"常常"的意思。作为证据，《集注》引用了谢上蔡的言论：时习之就是偶尔学习。"坐如尸"就是坐着时候的习，"立如齐"就是站着时候的习。也就是说，"时习"就是"常常习"的意思，其内容必须变化为"每次都"。然而上蔡真的有如此思考吗？这是颇值得怀疑的。后面的点尤其如此。朱子本身也批判上蔡的这一言论，他说："谢氏说得也疏率。这个须是说坐时常如尸，立时常如齐，便是。今谢氏却只将这两句来偃侗说了。不知这两句里面尚有多少事，逐件各有个习在。立言便也是难。"这一批判的真意虽难以把握，但"习"的内容恐怕每次都在变化，在上蔡的说明中这一点不很明确。现在引用这

---

① 译者注：菲利克斯·拉维松 (Félix Ravaisson, 1813—1900) 是法国 19 世纪著名哲学家。他是德国哲学家谢林的学生以及法国哲学家柏格森的老师，继承和发展了曼·德·毕朗 (Maine de Biran) 的精神哲学。拉维松的《习惯论》一九三八年由野田又夫翻译在岩波文库出版，风靡一时。安田的这篇文章受其影响。

一条的最后这句，就暗示了朱子并非完全否定上蔡的说明，在表现上虽不完整，但认为上蔡的精神和自己是一致的。于是在《集注》中引用上蔡的言论，一定就是这么考虑的，也就是说，对上蔡文章中"时"非常看重，才理解出了前面说的那个意思。那么"时"被认为有两个意思是为何呢？关于这个问题，朱子本身没有给予任何说明。但是我们从习惯现象出发的话，是很容易说明的。就如前面说的那样，习惯是反复的结果，并且有必要不断地反复，还有习惯只与在其本质上产生的变化相关联，因此"每次都"成为必要。

然而这些多样的习惯，它们本身不是目标，而是以更为统一的习惯契机为目标。就如后述那样，学习的目的是掌握理，因此被认为是格物的过程。可是，关于格物的方法，朱子认为程子的想法很正确。程子认为若格一物是不便通众理，而是"今日格一件，明日又格一件。积习既多，然后脱然自有贯通处"。从此可以得出习惯的多样性是形成统一习惯的契机的结论。那么这可能吗？关于这一点，程子和朱子都没有直接论及。这恐怕是根据所谓理一分殊学说的吧。因为为了应对存在的多样性，理也是多样的，尽管如此，这还是意味着最终都有某种统一。然而，理的多样既然有某种统一，那就不得不有如下疑问：若格一物，不就会得众理了吗？当我们突然直面这一问题，会有这样的疑惑：比起获得多样的习惯，还不如彻底贯彻一种习惯比较适当。然而程子和朱子都从头否定这样的相关想法。不过在考虑习惯现象时，程子和朱子的这个立场是正确的。然而没有直接给予值得奠基的强有力的理论。只是在关于理的思考中，也许会把它当作间接的证实。这也是展开习惯问题的方向之一。

039

二

以上关于伦理学中的习惯问题，根据需要阐述了其必要性。不过和其他众多的体系一样，在朱子的体系里，心理学或人间学构成伦理学的理论基础。由此可见，习惯问题不仅属于心理学，也属于人间学的问题。至少后者的许多思想意义的内容，是通过分析习惯现象变得明确起来的。如前所述，前引《语录》关于习惯提出"心与理一"的论述。在此之前，《语类》还有如下说法："盖人只有一个心，天下之理皆聚于此，此是主张自家一身者。若心不在，那里得理来！"即根据这一条语录，明白朱子的心，至少是本来之心，是通过习惯而获得的精神状态或者素质的。但就即自来说的话，则如现在所想那样："心与理一，不是理在前面为一物，理便在心之中"。而"儒释之异，正为吾以心与理为一，而彼以心与理为二耳"这段话，更直截了当地揭示了这一点。

朱子的心的相关性格，在受动的能动性和能动的受动性里也表现出来。首先从受动性这一方面加以论述。就如前面引用的语句知道的那样，心是"全人格的中心"，也就是"认识和运动都是心的作用"的意思，这一认识和运动都同时可以作为"情"而被捕捉到。在将《中庸》的未发已发说和《乐记》的寂感说加以综合的心说里，心之体虽寂然不动，受外界事物触而萌发思虑，"七情"迭用，乃心之所以为用。也可和横渠的"心是性和情的统一"这一古典性表现结合起来理解。这里使用的体和用，未发和已发也是这样的范畴。性是心之体，是未发；情是心之用，是已发。这些范畴大致还可以置换成可能与现实那样的范畴。然而关于这个问题还需要推敲，也许还有某些困难问题存在。只是这一问题的解决需要我们对相关主题做更深层次的考察为前提，因此这里想避开论及，我们姑且这么考虑。例如，"未说着爱在。他会爱，如目能视，虽瞑目不动，他却能视。仁非爱，他却能爱"这些就是足以作为论证它的证据了。心的作用是现实性的情，这意味着心的作用终归是受动性的。因为假设意志是人类的精神活动的能动性的话，那感情明显就是其受动性。

因此否定"道心"上的意志甚至善的意志，是更积极的认可心的受动性。为了说明这个问题，必须从所谓圣人无为的学说从头讲起。根据这一学说，圣人必须无为，这不是不做任何事情的意思，而是不作为。在道德上不管如何的正确，只要有作为就难以称得上是圣人。划分圣人和贤人、仁者和智者的标准实际上就在于此。众所周知，这一学说主要根据《中庸》的"诚者，天之道也；诚之者，人之道也。诚者，不勉而中，不思而得，从容中道，圣人也。诚之者，择善而固执之者也"，只是《中庸》没有好好思考"诚之者"这一立场的限定，而朱子进行了深入的思考。也即"盖舜、禹授受之际，所以谓人心私欲者……但微有一毫把捉底意思，则虽云本是道心之发，然终未离人心之境。所谓'动以人，则有妄，颜子之有不善，正在此间'者是也。既曰有妄，则非私欲而何？须是都无此意思，自然从容中道，才方纯是道心也"。在这里被否定的"把捉底意思"，归根结底只能是善的意志。然而这里所说的"意思"和我们所说的"意志"并非一样。何止这样，也未必是"打算""想"等这样的主体性意思。这不如说是更符合"趣"这一译语。但是"把捉底意思"可以预想作为其主体性一面的善的意志。为了揭示这一点，引用颜渊的相关行为论述了"把捉底意思"的残存情况。这就是《论语》讲颜子"以能问于不能，以多问于寡；有若无，实若虚，犯而不校"，认为这和圣人的"无如此之迹"是不同的。在这个例子中我们得知，"把捉底意思"是以善为善的意识（即在意识之内把捉），伴随想要实现它的努力行为，预想相关的善的意志。因此，这就是《中庸》所谓"择善而固执"，但是以此为妄却是《中庸》所没有的观点。于是道心里面的善的意志则被否定掉的。对于"心之为物，众理具足。所发之善，固出于心。至所发不善，皆气禀物欲之私，亦出于心否？"这样的发问回答如下："固非心之本体，然亦是出于心也。"这就是人心。我们由此可以知道所谓道心就是本来的心，这是很明确的了。于是，心之作用是受动性的就是难以动摇的事实了。

可是，相关的心，一方面作为"为主而不为客者也，命物而不命于物者也"来把握，也即指出了这一能动性。机械性地接收外物的影响被认为是恶，在阐明心的自由自在运动和反应的可能之处，可以看到心，至少是本来存在状态的心的自发性能动性。所以，朱子的心可以作为受动的能动性、能动的受动性来理解。

然而这正是习惯的原理。前面我们提到的拉维松（Ravaisson）也指出了这一点。他认为，感觉长时间持续或者反复的话，便会逐渐衰弱消失。运动通过长时间的持续或者反复，会变得越来越容易，越来越迅速，越来越准确无误。但是在这两个相反的力量、相反的经历里，有一个共通的特征，那就是感觉在没有痛苦的情况下，能长时间地持续或反复，因此，随着感觉的消失，欲求会连绵不断地产生。需要限定感觉的印象如果不再出现的话，人们就会不断地产生不安和不快，这就是在感受性中没有达到欲望的证据。另一方面，感觉在运动中努力消去，随着能动变得更加自由且迅速，能动依次变得趋向、趋性。趋性已经等不及先于他的意志指挥，在意志和意识力量里也没有完全达到，不能再次回到原位。这些都是通过连续或者反复平等地产生一种不明了的能动性，在能动性中外在对象的印象渐渐先行。与此同时的受动性、自发性，正是习惯的原理。对朱子的心的二重性应该根据这样的习惯事实来理解。

为了强化我们的这一解释，需要更深层次地追究善的意志据说是妄的含义。对这种情况，我们马上想起的是宗教里包含善的意志或者问题性。例如列举出《难异抄》里面的"善人尚且往生，何况恶人"这样有名的反论。这样的反论一般是如下解释，即所谓善人在行善瞬间，自己有行善的自觉，以此为依靠，所以不得像"一文不知的僧尼入道"那样无自我，不得只信赖顺从如来。因此，善人在救济的机根方面是劣于恶人的。救济的正机是恶人。如此看来的话，这一反论未必一定是否定善之意志，但至少可以揭露容易伴随而来的某种危险。朱子认为的善之意志是妄，是不是指出了人类的心理秘密呢？不能这么认为。与其说朱子认为那是"妄"不如说是"骄"这一概念，而且没有把"妄"和"骄"同一看待的踪迹。

然而离开朱子而言，"骄"也被认为有各种阶段。排除公共性客观之善、建立个人主观性的善，在某种意义上来说便是"骄"。一方面，朱子在某些场合也认为那是"妄"，也即（伊川的）所谓"虽无邪心而不合正理者，实该动静而言。……盖如燕居独处之时，物有来感，理所当应。而此心顽然，固执不动，则此不动处便非正理。又如应事接物处理当如彼，而吾所以应之者乃如此，则虽未必出于血气人欲之私，然只似此，亦是不合正理。既有不合正理，则非邪妄而何"。这归根到底是单纯地把主观之善放于客观之善位置上，当作"妄"来理解。从这点出发的话，"骄"和"妄"并非不一样。但是朱子自身的所谓的"骄"是否有这么深层的意思这点很可疑。他肯定了某人对上蔡"何者为我，理便是我"这一学说的批判，认为"理者，天下之公，认之为我，则骄吝益肆矣"，从这可以看出他指出了朝这一方向逐渐加深"骄"意思的这一萌芽。但是这毕竟只不过是萌芽而已。朱子的"骄"只不过是单纯意义上的自负，但是否加深了前面引用的反论所指出的意思，还存在疑问。

那么，认为善之意志是"妄"时，这一"妄"和我们现在叙述的"妄"是同一个意思吗？善之意志对客观的公共的善，意味着让主观性个人之善与之相对立。就如后面所述，两者间有某种共通性。正因为如此才被认作"妄"。两者不可能是同一的。例如，前面叙述的颜渊等场合，作为与客观性的善对立的主观性的善这一意思是很难被接受的。朱子自身也没有给予实际的相关说明，只不过因为伴随着我们所说的意志，被排斥而已。相反，如"公则不能为仁，为公无我则为仁"所述，只是公共的话被认为是不充分的。由此看的话，善之意志被否定正是因为这是意志，而不是根据其他的理由。

因此想要说明否定善之意志的理由的话，必须着眼于意志性行为的构造。这种情况下，我们第三次借助拉维松（Ravaisson）的尖锐分析。按照他的分析，运动习惯化地离开意志和反省的领域，却不离开知性。运动不是外在冲击的机械化结果，而是代替意志的趋性的结果。这一趋性逐渐形成，意识无论怎么追及这一趋性，总是认可这是建立意志目的的趋性。但是，趋向某种目的趋性全都包含知性。然而在反省和意志里，建立知性的目的作为从运动离开的或多或少的目标，知性是与自己对立的对象。在习惯的发展中，随着趋性代替意志，趋性不断地与期盼它实现的行动接近，逐渐带上这一行动的形式。悟性在运动和其目标间浮现起来的间隙，一点点地减少，区别消失。目的接近趋性，与此接触，与此合一。在反省以及意志里，运动的目的是一个观念，即应该完成的一个理想。应该存在的存在，且未存在是何物，是应该实现的可能性。但是随着目标和运动、运动和趋性的合一，可能性即理想由此实现。观念成为存在、习惯依次成为实体性观念。通过习惯代替反省的不明了的知性，是实在的和观念性的，即存在和思维在这其中合一的实在性的直观。

如这个分析指出的那样，在意志指导的行为中，被目标化的善，不单是主观个人的，同时也可以是客观公共的，即使这样，这不免只是观念、理想。在这里似乎有着否定善之意志的理由。即"妄"意味着这一观念性。反过来想，诚的根源性意思是"真"。观念和存在一致了。与此相反的"妄"为观念性是当然的归结。于是这个观念性和主观性就有了共通点。倒不如说主观性是由自己内面产生的。在此有着前述将主观性的善作为"妄"来理解的理由。主观性的善是作为观念性善的情况之一。前者的"妄"包含在后者的"妄"里。

善之意志既然如此，建立在这个否定之上的道心也即本来的心，便成了所谓实体性的观念，这是当然的归结。

在此再次想起的是，在习惯里，"心理为一"这个命题和"心理即一"这个命题乍一看是矛盾的两个命题。我们刚才看起来有的矛盾，丝毫没有拂去顾虑，通过两者简单的结合，就断定心和习惯的关系。于是我们独断的结论现在也得到了正当的论据。学习之初，理单只是一种当为、理想、观念而出现。在此，各种追求之间有着某种间隙。可是以当为作目标的运动通过不断的反复而逐渐习惯化，这一目标和运动间存在的间隙逐渐消失，这和前面的分析是一样的。在习惯里，"心理合一"指的就是这一事态。"入道之门，是将自家身已入那道理中去，渐渐相亲，久之与己为一。而今人道理在这里，自家身在外面，全不曾相干涉！"这也是基于同样事实的反省。可是这样获得的心作为本来的心被观念化时，设定了"心理合一"的命题。最初引用的《集注》所说"后觉者必效先觉之所为，乃可以明善而复其初也"，也就是在习惯里，把获得的心当作本来的心加以观念化的结果。于是这一转换意味着从伦理学向人间学的思索的深化。这里存在的乍一看的矛盾是不可避免的矛盾。因为人间学作为伦理学的理论基础，通过"如何有"奠定"如何成为"的基础。

三

因此，人间学是自身存在学的一环。关于习惯的问题，超越了人间学问题的范围，而作为存在学的问题发展出将来性。存在学的根本概念之一的"理"，具有"所以然之故"和"所当然之则"的两个面，作为既是现实同时又是理念，既是存在也是观念来理解。这和被认为"合一"的心当作观念和存在的合一的实体性观念事实恰好构成表里。可以设想，说明理的双重性原理，只有而且必须从习惯那里求得。就即自性而言，犹如心是从习惯获得的那样，理亦必须如此。然而这一说明乍一看是很难这么认为的。因为问题已经不限于人，而是针对包含人类在内的所有存在而重新考虑的问题。人间学只要是存在学的一环，前者无疑是弄清后者的通道。由前者向后者的过渡是否有某些飞跃，还必须经过详细深入的省察。因此我们关于这个问题，应避开轻率的分析，当前只满足于指出习惯问题所持有的发展性而已。我们刚才指出了习惯的多样性和统一性的一个困难，认为通过关于理的思考问题或许可以间接性地得以解决。与其说这是我们的期待，毋宁说是希望，坚信从持有习惯论的存在学意义那里，获得一些证据。

附记：这篇论文得以发表，承蒙吉川幸次郎老师的厚情。在此表示感谢。

（原载《东亚论丛》第五辑）

关于朱子解释

——敬仰津田博士的教诲

这里说的津田博士[①]的朱子解释是指《东洋思想研究》（早稻田大学东洋思想研究室一九三八年度年报）所刊载的论文。关于这个论文，我现在想提出几个疑问以表示我对津田博士教示的敬仰。直率地讲，对于发表已经过去两年的论文，时至今日才作为新问题提出来，感觉有种愧疚的心情。只不过假如允许自负言辞的话，这个问题具有事关整个中国学今后的发展那样的重要性，所以得到了几个朋友的鼓励，斗胆冒犯博士，祈求能得到博士的谅解。

津田博士在值得尊敬的著作《道家思想及其展开》的前言里写道："上古中国思想源于中国人生活发生的特殊性，因此即使是同样的古代人，其和印度人以及希腊人的思想、想法应该也是不一样，所以为了弄懂其真意，将中国人的思想看成中国人的思想，需要从思想本身或者中国人生活的内面来观察这一思想是如何形成的。……赘言之，将中国思想当作中国思想来看待，是研究方法或者研究态度，而不是尊崇中国思想，也不是为了歌颂它。这和中国思想到底有何价值，是完全毫无相关的问题，这是通过正确的方法研究才使之明了的东西。"我们对他这极其正确的见解致以崇高的敬意。然而这一方法不应该只限于古代中国思想，似乎不用特意指出来。

047

---

① 译者注：津田左右吉（1873—1961），日本著名历史学家，曾入选日本学术院院士。岐阜县出身。著有《津田左右吉全集》全二十八卷，别册五卷，补卷二卷（岩波书店1963—1966年）。津田对日本和中国的历史都有深入的研究，特别是日本史方面研究被称为"津田史学"。但他在中国史研究方面带有对中国的某些偏见，本文可看作是对这种偏见的批判。

再就是我们相信即使在现在作为问题的论文，也自觉地固执于同样的态度。事实上的结果跟标榜在主观性意图上是否一致，这个问题另当别论。坦率地来讲，对思想或者思想家持过于否定、怀疑性的态度，我想会使得博士的解释远离真实的客观性。即作为结论之一，博士认为朱子思想是把相互无关或者相互矛盾的过去的种种思想原封不动地结合而成立的，显著地反映了中国人非逻辑性的"可称为观念的连接"的思维法。再就是虽然对每个问题都有举证，但我们都未必相信相关结论的客观稳妥性。确实正如博士所说的那样，从中国人的思维那里不是看不到和逻辑的完全脱节。然而从更深层次思考的话，似乎那是我们概念性理解中国人思想的结果。当我们不是简单地将之当作概念，而是把它当作有血有肉有生命的语言来理解的时候，那我们由此可以意外地发现牢固的逻辑纽带。假设把概念化的能力叫作知性的话，思想就不是简单的知性，同时也拥有基于感性的感情依据。发现这个依据是找出思想的逻辑性内在不可缺少的。然而博士缺少这样的准备。博士虽然经常指摘心理性思维动机，但是这种场合的心理作用并不伴随逻辑态度，而是和排除逻辑的逻辑相对立的。博士的相关方法乃至态度，是其对思想家过于冷淡、过于否定的精神的反映。对于过去思想的正当理解，时代的不同、民族的不同是重大的障碍之一，对此我们不再提及。然而比这更为重大的是对过去的思想缺乏爱心。这里所说的爱心，不是以过去思想来再生我们的世界观人生观的意思。反之，即使让应该消亡的东西消亡这件事情上，也能体现学问的精神。学问有时必须是善死术。虽然如此，即使毫无价值的东西应该消失，也需要有批判性的学问精神。这样的爱心足以在某种程度上克服时代不同、民族不同这样的障碍。①

---

① 关于这一点值得关注的是，中国学者对张子所说"太极不能无气，气不能聚而为万物，万物不能不散而为太虚。"有两种解释。但关于这些我曾在其他地方有所论述，这里不再重复，总之这个例子是表明对思想不能只是简单的概念性理解，时代或民族的不同也并非扮演着决定性的角色。

如上所述事态虽说稍有重复，却值得提出来，那就是伴随历史主义的危险倾向。博士为了理解朱子思想，提出"为了解决当前的问题而造访历史"，虽然熟练地运用了惊人的博学知识，那种历史主义立场对于思想史来说无疑也是不可缺少的。然而在这种情况下我们感到不安的，是在思想上或者一般文化的形成上是否轻视主观精神即个人作用这一点。然而我们难以相信的是，这些被有意识地无视了。尽管如此，往往在前面的时代思想和后面的时代思想之间勉强找出来的同一性痕迹，会造成忽略主观性精神的重要性，只注重整体精神方面的结果。然而这反映了对前述思想家从根本性上加以否定的精神，同时又有诱导形成根本性格连续观的历史主义的危险倾向。

以上概括了我们对博士在朱子解释上所用方法的不安，以下想具体地举例说明这些不安的根据。只不过因为博士论述的内容极其丰富，一个一个地论及有点烦琐。因此我们的批判只针对其中特别重要的地方。

关于 "气" 的论述

根据博士的观点，形成万物应该叫作原质的东西是质，与此相反，气不是物的原质，是存在物体内在并使其运转的无形物。因此以气为形而下的东西是没有道理的。质虽然是形成物的东西，但仅此作为物还是不能成立，有必要加入气。这个气和质不能经常相背离，反而总是被联想，其结果两者转而达到相互混同。这就是气被认为是形而下的理由。

一

这里我们首先认为，这是一种基于连续观的历史主义偏向。

博士在作如上解释之前，研究了气的概念历史，气本来的意义是某种物质称呼，但后来比起把它作为特定的物质，大多数情况下认为它是具有在所有物质上活动的力量的无形物。这完全符合到周子的《太极图说》为止的大多数场合。到了张子，他首次认为气是构成万物的原质。然而张子另一方面也根深蒂固地潜伏着气不能成为形质这样的想法。我们虽然没有资格谈论周子以前这一概念的历史，但我们还是对博士的观点抱有些许疑问，尤其是对"聚散"这一词语用例的解释。假设这个用例是正确的，博士关于周张二子的言论也很难令人信服。尤其是对周子的解释，我们是完全理解不了相关解释是如何成立的。那是把周子以前的气不分青红皂白强加在周子身上的论点。①

二

这样的态度也延续到了朱子那里。

例如，关于"欲生此物，必须有气，然后此物有以聚而成质"（《玉山讲义》），博士认为构成物的质是存在于气之外的别处，仅此而还不能构成物，要加上气，质才开始聚结，才得以构成物。还认为可以把"聚"这一词语理解成是气和质的聚结。这里说的"此物"指的是人类，在原理上和其他万物没有不同。因此把"此物"理解成万物也是没有错的。然而关于"聚"这一字的理解，博士的说法完全是错误的。这个字是气之聚，和下面的"成质"二字，是从另外的面解释同一事态。气的聚结、质的形成和万物生成是同一事态。"气积则为质"表明了气和质的这一关系，但为何博士没有注意到呢？表明气的聚结和万物形成的同一性在其他地方也有很多，如"气聚而成质""盖性为之主，而阴阳五行为之经纬错综，又各以类凝聚

---

① 如《太极图》所说"无极之真，二五之精，妙合而凝"，只能解释为无极即太极和二气五行通过"妙合"产生万物。"二气交感，化生万物"则是二气生万物的意思。"二五"在其他地方又叫作"二气"，这暗示着二气和五行的关系。总之，可以用唐代的注疏家经常说的"相对为异，散文则通"这样的思考方式来说明。一方面叫太极，另一方面又不说这一点，是因为在朱子那里，"理"是意义的原理，与此相对"气"是事实的原理，仅以此来说明事实的事实面就足够了，在此大概也是可以成立的。

而形成焉"等，博士对此没有注意而想要去理解它，终究是历史主义的偏向。

三

然而"然五行者，质具于地，而气行于天者也""五行虽是质，他又有五行之气"意味着五行里有气和质两个侧面，"天地之……生物者，气与质也。人物得是气质以成形"（《论语或问》）把气和质当作本来就不同的事物。我们姑且把气和质区别开来，另外就如《论语或问》所示那样，把它们认为是同一次元的共同作用。① 这不是气积为质这一解释的绊脚石吗？把气质关系解释成概念性的，即把气积为质解释成气的全体都转化为质，确实如此。然而若是把气的一部分聚结而解释成质的话，那就不会产生任何困难。可是朱子没有明确表示，因为其思维不是概念性而是直观性的。这样的解释可以通过"阴阳气也，生此五行之质……五行阴阳七者滚合，便是生物底材料"这句话来证实。另外，"气之清者为气，浊者为质"表明了气里有成气和成质之物。将之认为是思维的混乱是不正确的，把气的成质的那个部分只限于特定部分也是不妥的。气无论哪个部分都包含相关的可能性。这一部分一开始就明确下来，是把气和质当作不同原理来考虑这一立场的残渣。

四

"其聚而生，散而死者，气而已矣。所谓精神魂魄有知有觉者，皆气所

---

① 在"二"中，我们曾把气的聚结和质的形成以及万物的生成同一看待。可是现在认为万物的生成是气和质的结合而成。这一矛盾并非很难解开的。朱子认为人类是存在的典型，可是人类具有精神和肉体两面性，其通过阐明气质共同作用的思想来说明这一点。可是这终归是通过把精神和肉体同一看待来思考的。若是这一方向更彻底的话，不再区别精神和肉体，便会成立存在浑然一体的思考立场。"二"中所指出来的就是这一立场。就如博士阐述的那样，在五行里五行的气和质是区别开来的，在二气五行情况下的五行则是质的意思。

为也。故聚则有，散则无"，"只是这个天地阴阳之气，人与万物皆得之。气聚则为人，散则为鬼"等这样的解释，最能表现博士方法的缺陷。也即气和肉体是别的原理，气与肉体结合则为人，与肉体分离则为死，于是与肉体分离的气则为鬼。然而这样的解释完全没有成立的理由。或者说"精神魂魄有知有觉者，皆气所为也"这两句也许表明了气是在肉体里活动的独立原理，但没有必要这样考虑。气相对质而言担任精神性的作用，否则便与精神肉体作用的全体相关联。博士的这个误解产生的第一个理由，可认为是我们早前叙述的历史主义的偏向，第二个理由则可从"即使根据气的聚散有生死，因为死不是肉体不在了，由此可以知道气和肉体有别"这点看出。然而这一议论对于朱子是颇为重要的议论。换言之，朱子虽说没有否定死不是肉体消灭这一确凿的事实，然而事实上朱子对此坚持假装不知道。于是这件事与其说是科学性的，不如说对于自然哲学来说是不可避免的，所以论述希腊自然哲学的时候经常使用"kindlich"（幼稚）这个词语。我们不得不认为，博士的解释是把现代意识强加到朱子身上的立论，反而放弃了历史主义。

五

以气为"形而下"造成思维混乱而加以责备，起因于不理解"形而下"概念的意思。的确，气从上面"二"最后引用的部分可以得知是无形的。然而同时也是有形的。朱子认为全宇宙无形的存在和有形的存在是毫无缝隙紧紧相邻作为连续性一者表象出来的。这里的无形存在正是气，它通过运动逐渐产生渣滓。这个渣滓即是有形的质。[①] "形而下"必须是"取得形"。这样的意义从文字上来说是不适当的。然而在责备这一点之前，我们必须考虑到朱子的思想而非文字解释。博士的解释是从对这点的不理解产

———————

① 见拙稿《关于朱子的"气"》。

生的。顺便说一句,将气作为形而下的理由之一,在于《系辞传》勉强将道器和理气牵扯到一起,是把相互无关的各种思想原封不动地结合形成的先入为主观念的表现。

六

关于气还有很多其他方面的问题,害怕烦琐所以放弃。只不过最后应该说的一句是,博士关于阴阳概念没有注意到比较性这一点。气的存在论不用说是一气、二气、五行这三个概念,二气虽然位于一气和五行的中间,但绝非是简单的中间位置的存在,所有的存在都是原封不动地作为二气被观念化。然而二气绝非是永恒的阴阳的存在。另外也并非所有的存在都是阴生阳或阳生阴这样时时刻刻不停地易变。同一存在也是通过与其他存在对比组合改变阴阳的限定。当然了这不是瞎改变,而是对比组合物是一样的话,那阴阳的限定也是一样的。然而这并非孤立存在的性格,而是与其他存在相关联的存在,仅限于与此性格关联之处有阴阳概念的特异性。[1] 葛兰言(Granet)曾经阐述了中国关于左右观念的特异性,给予了"中国思想不是属性的反对,而是与对照、交互性、相关、神圣结婚的转换有关"这样明锐的见解。若是葛兰言(Granet)这一洞察是正确的话,那么朱子的阴阳概念可以说最大限度地反映了中国式思维法。但是具有炯眼的博士却完全没有注意到这一点,到底是基于何种理由呢?

关于理的一些思考

关于理也有很多值得阐述的,但解释的要点极其简单,宇宙论意义上的理是与把宇宙万物的移动具象条例法则实体化相反,其是人类论性意义

---

[1] 见拙稿《关于朱子的"气"》。

上的"真意的性或者性的本体"，以此作为相关事物善的原理。

一

首先我们必须要思考的，是刚才论述的关于宇宙论意义上理的解释。如"问：'理在气中发见处如何？'曰：'如阴阳五行错综不失条绪，便是理。'"这样的话，被认为证实了这一解释的正确性（我们把气作为一般存在来理解）。这种情况下，理是否意味着作为随存在变化运动度的同一性的因果律，这是很有疑问的。还不如说是把"一"和"他"区别开来的个别性。当然理被认可是变化的，但是与其说变化是遵从理而开展，不如说变化是通过理、依据理而开展。"至于天下之物，则必各有所以然之故，与其所当然之则，所谓理也""所以一阴一阳者理也""……而其动其静，则必有所以动静之理焉"等这些就足以证明。与其说理是法则性的，不如说是个别性的①，这样博士的解释即使不是有误，但至少也容易招来误解。

二

博士引用"道即理也，以人所共由而言，则谓之道。以其各有条理而言，则谓之理"，表明理的法则性。可是，就如博士认可的一样，这里的问题是"人之道"。理虽说是法则，却是道德性法则，物体的运动不遵从它。另外关于"条理"，博士将之与"法则"同一看待，把"道是统名，理是细目""道训路，大概说人所共由之路。理各有条理界瓣""理是有条瓣，逐一路子，以各有条，谓之理；人所共由，谓之道""理如一把线相似，有条理，如这竹篮子相似。指其上形蔑曰：'一条子恁地去。'又别指一条曰：'一条恁地去。'"这些话综合来考虑的话，这不是简单的"事理"，同时也包含"个别性"的含

---

① 理被认为是道，但并非就意味着理的法则性。

义。①事物具有的个别性，是根据人类行为而应该被实现的东西加以理念化的结果，理获得法则性。我们从"一"引用的《大学或问》里的话语可以得知。

三

理含有更深层次包括性的含义。"理"就是那"意义"。②然而博士对此完全没有引起注意，结果陷入了各种误解。第一即关于"形而上"或者"无形"。这些词语如按字面上来理解的话，就是"无形"的意思。然而同样无形存在的气也被认为是形而下的话，那就应该意味着是"无形"的意思。犹如"理则无形，气则有渣滓"那样的"无形"和"有渣滓"是对立的话，这就证明了前面所说。理是无形的这一点屡次被重复，因为其已有的范畴是不能获得的。如此看来，理和"无极""无声无臭"相结合这一事实，我们由此可以知道那是多么巧妙的象征。博士在论述这些相关事实时，可谓忘记了这些象征性。

四

对理的性格理解的不充分，造成了对人间论理解的极大误解。根据朱子理论，他认为人也具有宇宙间遍布的理和气。然而就如"未有此气，已有此性。气有不存，而性却常在""人物未生时，只可谓之理，说性未得……人生以后，此理已堕在形气之中"。这样，人在出生之前就有理了。虽说如此，这里说的出生是指人具有肉体的意思，那这意思中的出生之前的人到底叫什么呢？人具有理是处于什么样的状态呢？这些都是不可能知道的。这和人死后理的去向也有关系。因为据说人死气散，虽知道人死后气的去向，但理的去向就不得而道了。博士指出关于这些问题朱子的想法完全是胡说八道，由于博士的一一解释过于烦琐，这里只谈及几个点。首先应该指出的是，因为人

---

① 如戴东原便将事理和个别性自觉地联系起来。
② 见拙稿《朱子存在论关于"理"的性质》。现在来看的话有很多缺陷（最大的点已经在附录里指出来了），但根本性的思考现在没有什么变化。

在出生以前理就存在了，所以把朱子思考的出生以前的人作为结论是毫无理由的。其次，在整体上，必须指出前述关于气的误解存在于其根底上。第三，作为最重要的点，可以认为理的性格完全没有被顾及。例如，关于理死后的去向，几乎没有考虑到理的性格。如果非说不可的话，应该说"所谓天地之性，即我之性，岂有死而遽亡之理"。若说关于人出生之前的理的话，博士同样引用的"若在理上看，则虽未有物而已有物之理，然亦但有其理而已，未尝实有其物也"，这些话就是答案。即人在出生之前理就存在，这里的"存在"不是普通的"存在"，而是"在理上"的存在。相关的叫法虽然看上去像是循环论，但并非是这样的，这里的理正是"意义"的意思。意义先于存在，并非在存在之上，必须是在意义之上。

五

同样，在其人间论中，把理当作"真正意义上的性或者性之本体"，想对"真正意义上的性或者性之本体"没有加以任何说明提出抗议。可是反过来想，这一事实暗示博士把"性"的概念理解成最普通的意思，即"性质"的意思。于是这和把宇宙论的"理"理解成条理法则这一点是一致的。若说原因，那是因为性质是作为行为表示倾向或者法则性的。那么相关解释也并非完全不妥。然而与理同一看待的性包含"性质"所没有的特殊含义，我们也应该注意这一点的理解。即使在这种情况下，扮演重要角色的也是理的"意义"上的性格。即如朱子关于四端说的解释①那样，作为理之性的仁义礼智，不是仁义礼智在起作用，也不是随之单独的行为倾向，而是对行为一一赋予意义的原理。例如一个行为不是别的而是"恻隐"，它就是作为性的仁之"端"。相反，作为性之仁是赋予恻隐行为恻隐含义的原理。只不过对朱子而言，所有的行为都具有完全或者不完全的道德性

---

① 见拙稿《朱子存在论关于"理"的性质》有简单说明。

意义，换言之，属于四情中的任何一个。这里作为赋予四情意义原理的仁义礼智，是人类原本具备之物，即将之作为"性"来把握是有根本性理由的，仁义礼智即性，性即理，我们必须如上理解。博士认为"因为仁义礼智即性这样的说法不妥当，所以应该脱离性叫性之德，又或者性具有仁义礼智的作用，之所以这样叫是因为是中文。性就是理和它是相同的叫法，实际上也可以说性是原封不动的理"，博士这样的论述说明了他理解的不充分。① 比如根据和"性者心之理也"这一词语相关联的论述，博士把心理解成与肉体对立的精神，这一点也是有问题的。若说原因，是因为就如在"四"中概括的那样，朱子认为精神和肉体绝非是对立的关系。这一点构成了朱子的思想特征，但未必就意味着其立场纯朴。这反而被认为是触及了人类存在的本质。于是性和理的关系通过对这一点细致周密的分析，更投以新的希望。另外，若是允许讲述预感的话，通过精神和肉体相结合的思考法，是找到解决问题的方法之一。但是在此深入这一点我们的思索还不够成熟，因此我想只停留在指出它这一点上。

　　以上是我非常淳朴地披沥自己意见的一部分，也揭示了我起初陈述的不安的根源。为了急切明确问题的所在，完全没有言及博士言论中非常出色的地方，且在披沥我个人意见时过于直截了当。特别应该受到责备的是，就如现在所述，我自己也意识到了批判博士的立场还极其不成熟。所有的这些点对博士都是非常失礼的。只不过是满腔热情的好学，恳求不要兴师问罪。

［昭和十五年（1942）四月初稿　七月修订稿］

［原载《东方学报》（京都）第十一册］

057

---

　　① 不过把仁义礼智当作功能来理解的场合也不是没有。例如对于《论语》的"孝弟也者，其为仁之本与""为仁犹曰行仁"这样的注解就是如此。可是没有将相关意义的仁当作性来思考。譬如程子辩解道："盖仁是性也，孝弟是用也。性中只有个仁义礼智四者而已，曷尝有孝弟来？然仁主于爱，爱莫大于亲，故曰孝弟也者，其为仁之本与"。

陈白沙的学问

——①

毋庸置疑，明代初期的思想界是清一色的程朱学。明朝成立以来把程朱的书籍作为科举的教科书，永乐年间相关人士奉旨编撰了《四书大全》《五经大全》《性理大全》等书籍，在此期间，永乐二年（1404），在饶州也就是现在的江西鄱阳县的朱季友献上了其著书，因为诋毁宋儒，根据大学士杨士奇的上书，朝廷对其给予了惩罚，这一事件足以证明当时程朱学的势力。程朱学在这一时期理论上没有得到深度的发展，曹月川先生（端）、胡敬斋先生（居仁）等虽被认为是优秀的程朱学者，在思想上不过是些追随者而已。简而言之，明初的思想史是程朱学的亚流时代。

但是，随着王阳明的出现，这一情况被彻底打破。随着以朱子学为出发点却否定朱子学的这个学者的出现，宣告了程朱亚流思想时代的结束，进入了崭新的思想史阶段。然而罗马非一日建成，王阳明的出现也有预告这一时代动向的先驱者。这就是我们想要研究的陈白沙。

我们在这里并非主张白沙的学问给阳明的学问带来了什么样的影响。白沙死于孝宗的弘治十三年（1500），当时阳明只有二十多岁。白沙的弟子湛甘泉（若水）也屡次与阳明展开过争论，由此也有学者认为白沙和甘泉

---

① 译者注：原文没有章节，只是按照论述的意思提了一行。翻译时为了便于阅读，分了章节。

对阳明有所影响。的确就像我们后面所阐述的一样，白沙的学问和阳明的学问之间有着明显的类似。由此出发的话，这样的假定并不一定是错误的。但是阳明的著作中没有一个地方提及白沙的学问，而且更为重要的是，两者即使有着明显的相似，但有着本质上的不同。因此不能假定两者之间有相关的影响。两者都对程朱学不囫囵吞枣，而是在对之进行批判的同时，以自己的头脑进行思索。如前所述，阳明从朱子学出发，并以对其进行批判而出名，白沙也同样经历了这一过程，白沙和我们前面提到过的优秀的朱子学者胡敬斋一起拜朱子学者吴康斋（与弼）为师，后来不满足于老师的学说，于是退而思索。可见这种批判性的精神始于堪称这一时代的时代精神的白沙，娄一斋（谅）等也像《明儒学案》指出的那样，他们均非踏袭师门学者。一斋的著作在写作《明儒学案》的时代已经见不到了，然敬斋对一斋进行了如下责难：

> 娄克贞说他非陆子之比，陆子不穷理，他却肯穷理。公甫不读书，他勤读书。以愚观之，他亦不是穷理，他读书只是将圣贤言语来护己见，未尝虚心求圣贤指意，舍己以从之也。

由此可以看出他并非忠实于老师的观点，也就是说一斋也有着批判性的自由精神。同样，《明儒学案》记载：

> 文成年十七，亲迎过信，从先生问学，深相契也，则姚江之学，先生为发端也。

众所周知，阳明曾根据朱子学的命题去格竹之理，但一无所得而患了大病，当然这是以后的事，但这一失败的经验成为其否定朱子学的契机。阳明对一斋的学问没有原封不动地继承，但是那种批判性的自由精神，可

059

能是一斋灌输的。无论怎样，这两个自由思想家的出现，雄辩地证明了时代的动向。而且从敬斋的言语可以知道，一斋认为公甫不读书，他（也就是一斋）勤奋读书。读书是朱子学功夫的中心，所以一斋的这一说法，是在辩解自己比白沙更忠实于老师的观点。敬斋也暂且承认了这一说法。由此也知道白沙比一斋更具有自由精神。换言之，白沙是站在新时代的前端，开启了新时代动向的人。这就是白沙在思想史上的意义。

二

那么白沙的学问到底是怎么样的呢？《复赵提学佥宪书》是探究白沙的学问极其便利的文献。其虽然很简短，却包含了白沙在学问上的亲身经历，对这个亲身经历进行解释的话，可以大致上了解白沙的学问。下面想对此解释一下。

关于自己的人生经历，他说：

> 仆才不逮人，年二十七始发愤从吴聘君学。其于古圣贤垂训之书，盖无所不讲，然未知入处。

吴聘君也就是指我们前面提到的吴康斋。白沙生于宣德三年（1428），年二十七也就是景泰五年（1454）。在这之前，白沙于正统十二年（1447）中了乡试，第二年的十三年（1448）和景泰二年（1451）虽然两次参加会试，但都落榜了。景泰五年白沙放弃了科举考试成了吴康斋的弟子。康斋性严毅，对来求学的弟子不与言说，首先让他们治理水田，但据说对白沙的态度不同，早晚都给白沙讲学。但是，白沙不满足于老师的学问，仅仅在吴康斋的身边学习了半年，就回到了家乡白沙村（广东新会县之北二十里）。也可说康斋对白沙的学问几乎没有影响，白沙对朱子学的反叛也由此发端。不过虽说康斋对白沙的学问没什么影响，但是如白沙的门生张东所（诩）所说的那样，"激励奋发之功，多得之康斋"。《明儒学案》也有如下记载：

> 椎轮为大辂之始，增冰为积水所成，微康斋，焉得后时之盛哉！

其肯定了康斋的功绩，还把堪称学案的《崇仁学案》放在开卷第一的位置。关于人生经历也有如下记载：

> 比归白沙，杜门不出，专求所以用力之方，既无师友指引，日靠书册寻之，忘寝废食，如是者亦累年，而卒未得焉。所谓未得，谓吾此心与此理未有凑泊吻合处也。

以上记载最值得注意的是"所谓未得，谓吾此心与此理未有凑泊吻合处也"这句。把这句话换成现代语言，也即当时白沙的理解只限于概念上的理解，更严密地说，是观念没有成为实体。虽说"未得"这一词语不值一提，却对概念加以了分析。由此我们可以认同白沙尖锐的分析能力。比之更重要的是，其告诉了我们当时白沙的注意力在哪里。在他的亲身经历中，学习态度虽然压缩成了"忘寝废食"四个字，但这绝不是单纯的修饰上的形容，其夜晚不睡觉，累了的话用水淋腿继续学习，据说读书的范围涉及天文古今典籍、释老稗官小说之类。这些都是以天下任何书中皆有理的朱子学这一命题为出发点的，在这一点上白沙还没有摆脱朱子学的束缚。但是这时白沙关心的事情并不是由此求得博学，而是通过读书把学到的关于理的知识提高至实体的观念，但是在当时并未得以实现。白沙因此烦恼，这也是新思想转换出现的契机。也即：

　　于是舍彼之繁，求吾之约，唯在静坐。久之，然后见吾此心之体隐然呈露，常若有物，日用间种种应酬，隐吾所欲，如马之御衔勒也；体认物理，稽诸圣训，各有头绪来历，如水之有源委也。于是涣然自信曰："作圣之功，其在兹乎！"有学于仆者，辄教之静坐，盖以吾所经历粗有实效者告之，非务为高虚以误人也。

　　再下来是白沙人生经历的记载。在这里白沙和朱子的学问诀别了。当然，白沙自身对此也意识到了：

　　周子《太极图》说："圣人定之以中正仁义而主静。问者曰：'圣可学欤？'曰：'可。''孰为要？'曰：'一为要。'一者，无欲也。"《遗书》云："不专一，则不能直遂；不翕聚，则不能发散。见静坐而叹其善学曰：'性静者，可以为学。'"二程之得于周子也，朱子不言有象山也。此予之狂言也。

　　可见白沙认为自己的学问不是同朱子而是与象山有关联。那么这里说的静坐，到底能到达什么样的境地呢？上面引用的"见吾此心之体隐然呈露，常若有物，日用间种种应酬，隐吾所欲，如马之御衔勒也"，指的又是何种事态呢？这些措辞乍一看很是神秘。前面关于人生经历的最后，白沙以"非务为高虚以误人也"加以辩解，也是没有说服力。敬斋说：

　　见得此心光明亦是佛学之低者。若高底连心都无了。今陈公甫已到高处，克贞未到。

　　说白沙连"心"都否定了。虽然不知指的白沙学问的哪一点，但敬斋明确认为白沙是很神秘的，从前面引用的白沙的话里确实有某种神秘感，可见绝非偶然。还有根据东所的传闻，白沙：

> 其始惧学者障于言语事为之末也，故恒训之曰："去耳目支离之用，全虚圆不测之神。"其后惧学者沦于虚无寂灭之偏也，故又恒训之曰："不离乎日用而见鸢飞鱼跃之妙。"

从上述记载可以看出白沙当时的学问具有某种神秘色彩。然而作为儒家被当作神秘家是致命的，虽然改正了说法，但白沙还是认为：

> 儒与释不同，其无累同也。

承认与"禅"有类似。另一方面，他又说：

> 禅家语，初看亦甚可喜，然实是笼侗，与吾儒似同而异。

强调和"禅"的不同，暗自为自己辩护。然而这仅仅是白沙的辩解吗？白沙的目标是神秘的直观吗？如果真是这样的话，对白沙的立场加以概念性分析便是不可能的。但是如果我们对其不加以概念性的分析的话，那么我们也不可能对之理解。所以下面我们尝试分析一下，关于这一点，我们想从《仁术论》着眼。这篇《仁术论》虽然有许多神秘的字眼，但现在把那层神秘的外衣剥下的话，它最重要的还是把"仁"这一概念与"术"这一概念相结合。"仁"就是"术"，这一命题乍一看虽然很唐突，但在白沙所说的"仁"并非像朱子学的"仁"有那么深层次的意思，这一命题的出发点在于，爱是人类共通的本能性作用，这个作用不是本能性的没有制约的，而是拥有"巧"的性格。也就是说：

　　孟氏学圣人也。齐王不忍见一牛之死，不有孟氏不知其巧也。盖齐王之心，即圣人之心，圣人知是心之不可害，故设礼以预养之，以为见其生而遂见其死，闻其声而遂食其肉，则害是心莫甚焉，故远庖厨也。夫庖厨之礼至重，不可废；此心之仁至大，不可戕。君子因是心，制是礼，则二者两全矣，巧莫过焉。

这里解释的"巧"，和《中庸》所说的"时中"是一致的：

　　"圣人诛民害而进之，四裔之民奚罪焉？"亦曰："戮之则伤仁，存之遗害。"故圣人之仁有权焉，使之远寓魑魅，则害去而恶亦不得施矣。夫人情之欲在于生，圣人即与之生；人情之恶在于死，圣人不与之死，恶众人所恶也。圣人即进除裔夷，恶难施也。圣人以投恶，圣人一举而迭中。

可见"巧"是"时中"的意思。而"仁"并非没有制约，只是赋予"巧"的性格而已，也不意味着"仁"即"巧"这一命题。"仁"原本有着"巧"也即"时中"这一性格，这才是这个命题的真实内容。相反，有意识性的"巧"并不是"仁"。所以他继续说：

　　圣人未尝巧也。此心之仁自巧也，而圣人用之。故天下有意于巧者，皆不得厕其间矣。周公一金縢，大发瘖时主，以后世事观，至巧矣。周公岂有意耶？亦任心耳。

白沙还把无意识的"巧"称之为"至巧"：

　　昔周公扶王室者也，桓文亦扶王室也。然周公身致太平，延被后世；桓文战争不息，祸藏于身者。桓文用意，周公用心也。是则至拙莫如意，而至巧者莫逾于心矣。

而且白沙向前更推进一步，相关的"至巧"的作用不单单只限于人类，也对全宇宙、全自然起作用。即：

> 天道至无心。此其着于两间者，千怪万状，不复有可及。至巧矣，然皆一元之所为。圣道至无意。比其形于功业者，神妙莫测，不复有可加。亦至巧矣，然皆一心之所致。心乎，其此一元之所舍乎！

这是《仁术论》的最高命题。前面所举的甘泉用"自然学"这一特征来概括白沙学的特征，白沙写给甘泉的信也说：

> 人与天地同体，四时以行，百物以生，若滞在一处，安能为造化之主耶？古之善学者，常令此心在无物处，便运用得转耳。学者以自然为宗，不可不着意理会。

另外，其向东所也阐明了出处进退，说：

> 但须观今日事体所关轻重大小，酌以浅深之宜，随时屈信，与道消息。若居东微服，皆顺应自然，无有凝滞。

其关于诗文也有如下论述：

> 古文字好者，都不见安排之迹，一似信口说出，自然妙也。其间体制非一，然本于自然不安排者便觉好，如柳子厚比韩退之不及，只

为太安排也。

就这样，白沙认为自然是一切行动的典型，也是从前面所说的《仁术论》的最高命题引导出来的。《仁术论》的这一命题也有着极其神秘的影响。只是如前面阐述的那样，《仁术论》告诉我们，白沙学问的终极目标也就是把"仁"提高到"术"，而"仁"本来就是人类固有之"术"。从《仁术论》再回到前面提到的人生经历的话，白沙通过静坐觉悟到的东西绝不是神秘性的直接体现，而是把"仁"提高到"术"上。再详而言之，"吾此心之体，隐然呈露，常若有物，日用间种种应酬，随吾所欲，如马之御衔勒也"，即是说作为"心"起作用的"仁"本来就是"术"。

三

以上虽然暂时完成了对他人生经历的解说，但在这里有个问题：如上述能成立的话，像白沙这样的思想在朱子学中早已体现。也就是说，朱子说的"道心"就是白沙所说的"心"。朱子把"人心"和"道心"加以区分，认为：

> 盖舜、禹授受之际，所谓人心私欲者，非若众人所谓私欲也。但微有一毫把捉底意思，则虽云本是道心之发，然终未离人心之境也。所谓"动以人则有妄，颜子之有不善，正在此间"者是也。既有妄，则非私欲而何？须是都无此意思，自然从容中道，才方纯是道心。

"把捉底"的意思，是认为无论善恶都要加以实现的那种意志性紧张，朱子认为，无论最终有多么善意的行为，只要把此作为善之意识来实行，就是"人心"而非"道心"，"道心"没有那种意志性紧张，而是自然、从容而中道的。如此看来，朱子的"道心"和白沙的"心"明显是一致的。朱子学还认为，作为相关事物的"道心"是"心"本来的应有状态：

> 问："心之为物，众理具足。所发之善，固出于心。至所发不善，皆气禀物欲之私，亦出于心否？"曰："固非心之本体，然亦是出于心也。"又问："此所谓人心否？"曰："是。"

认为所谓"人心"并非"心"本来的应有状态，由此相反可以推测出朱子学中的"道心"原本就是"心"的应有状态。也即在"心"的原本应有状态这一点上，朱子和白沙是完全相同的。我们前面已经说过，为了回归到这一应有状态，白沙采取了静坐的方法，与此相对，朱子是把读书作为主要的方法。详细来讲的话，朱子的方法是反复练习通过读书而学到东西。换言之，白沙的方法是"顿"，朱子的方法是"渐"。虽然目的相同，但采用的方法确实完全相反。在此便有着值得思考的问题。

为了解决这一点，我们还是回到白沙吧。白沙为何排斥读书而选择静坐呢？在第一节我们引用的他的人生经历中，可知他认为通过读书而得到的"理"不能成为实体性的观念。然而他却没有回答什么会这样，只是首先回答说：

> 学劳扰则无由见道，故观书博识，不如静坐。

这样的措辞对于我们得出的结论不是没有意义，以后还会谈到这个问题，只是眼下对于得到解决问题的线索是起不到什么作用的。因为白沙并没有告诉我们为何可以说"学劳扰则无由见道"。"心"原本的应有状态不能用言语来表达，是从白沙处得到的第二个回答。也即：

夫学有由积累而至者，有不由积累而至者；有可以言传者，有不可以言传者……大抵由积累而至者，可以言传也；不由积累而至者，不可以言传也。

再就是：

（李世卿）自首夏至白沙，至今凡七阅月，中间受长官聘修邑志于大云山五十余日，余皆在白沙，朝夕与论名理。凡天地间耳目所闻见，古今上下载籍所存，无所不语。所未语者，此心通塞往来之机，生生化化之妙，非见闻所及，将以待世卿深思而自得之，非敢有爱于言也。

这些话是值得注意的。由此而知"心"原本应有的状态，是不能通过言语受教得来的，白沙采取"顿"的方法而得到，对此朱子却是通过"渐"的方法而得到的。当然，仅此还不能完全解决问题，还会产生新的问题：对于同一事物，为何有的可以通过语言得到，有的却无法得到呢？对此我们从白沙那里是不能得到答案了。那么对于我们而言应该怎么去思考它呢？我认为应该这样解释，那就是对于同样的事物，之所以能得出完全相反的立言，是从"心"的应有状态这一特性而来的。我们曾经指出过，朱子的"道心"是作为习惯的结果而达到的，但白沙的"心"不仅仅在作用方法和朱子的"道心"是一致的，在习惯的结果这一点上也与后者是一致的。因为是习惯的结果，所以最初可以通过教而得到，基于同一道理，最后却不能通过教得。同样一事物，乍一看是完全相反的立言，我认为也有可能得出相反的思考方法。这个观点虽然可能有些奇特，但是白沙明确说过"心"是通过静坐，也即通过"顿"的方法获得，却没有说过是通过言语而获得的。白沙并非完全排斥读书，只是认为获得原本的"心"之后才应该读书。换言之：

夫学贵乎自得也。自得之，然后博之以典籍，则典籍之言我之言也。否则，典籍自典籍，而我自我也。

由此可得知，说白沙的"心"是习惯达到的结果是所谓的"自在"的存在状态，还未自觉到"自为"的境界。就像前面提过的他的人生经历一样，白沙获得自己"心"的原本应有状态，是在长时期读书之后。结果他对通过读书得到"理"的知识不能得出实体性的观念而感到苦恼。这一事实足以证明白沙的"心"是在"自在"的习惯中达到的结果。然而要将通过习惯才能获得的事物通过静坐来获得也实在太勉强了。所以我们不如认为这个习惯中有着某种秘密。

黑田氏曾经这样说过：

所谓下功夫，就是无论是睡着了还是醒了，都想着演戏，练习技巧时下了功夫，一旦出现在舞台上，心神才会安定。在练习时下了功夫，登上舞台时才会安定不出纰漏。练习不下功夫，上了舞台即使很用劲表演，看上去也很丑陋。练习应该在表演之前的前两天就开始，上舞台的前一天要好好休息，思索昨天的练习是否到位，休息好了才上舞台的话，便会沉着镇静。前一天手忙脚乱地练习，到了晚上都不平静，第二天上舞台的话，便会出现许多意想不到的事情。所以这一点非常重要。

再就是：

有个艺人问藤十郎："可能是因为还没有记熟台词的原因，容易惊慌失措，但你连着十天二十天也能熟练地表演，请问您是怎样做好心理准备的？"藤十郎答道："我表演时也会惊慌失措，但是旁人看来好像是轻车熟路地表演，那是因为练习的时候好好背了台词，即使当天

069

忘记台词，在舞台上听到对方的台词，就会想起台词来的。"①

这些都详细地说明了习惯的形成过程，习惯的形成需要不断的学习，但进入一定的阶段后需要忘记对象。白沙主张静坐，即使不是自觉的，我想也是从这一点来的。这样一来，前面引用的"学劳扰则无由见道，故观书博识，不如静坐"的意义也就明了了。此话是说，读书并非其他的理由，而是因为劳扰才受到排斥，揭示了静坐是为了拯救劳扰，这样的思路也反映了白沙的学问是以习惯的形成根底的。至少这个想法的正确性来自对习惯事实的分析而获得的。还有如前面所阐述那样，把"仁"当作"术"来把握，也即"仁"是一种习惯的极端证据，因为习惯是"术"这个概念固有的东西。在白沙的"仁"那里，不用"力""作用"以及其他关于仁的概念，而使用"习惯"这个具有固定内在的概念，用意是显而易见的。

如果上述观点正确的话，朱子的学问和白沙的学问，都是在基于习惯的事实上各自强调自己的主张。不过朱子在有些场合也认同静坐的价值，但没有充分认识到静坐的价值。换言之，朱子的学问和白沙的学问属于同一认识的正反面。其在基于习惯事实思索之时，没有充分地辨别自己的立场带来的结果。

四

与此相反，阳明学虽然不知有何种程度的自觉，但至少在"自在"的方面重视学问。

这里不准备讨论阳明的学问到底是什么，但我们在前面已经说过，其

---

① 译者注：以上引文均出自［日］黑田亮：《勘の研究》"役者论语"，岩波书店1933年出版，第135—136页。

与白沙的学问有着很多相似的地方。换言之，两者首先在批判朱子学、尊崇象山这一点上，在形式上是一致的，在内容方面指向的目标也是相同的。阳明的学问可谓遵从"存天理""去人欲"这个命题。其所谓的"人欲"，既可以指"私欲"也可以指"私意"，知善不行善、知恶行恶的利己心，不仅仅指"我欲"：

曰："'如好好色，如恶恶臭'，则如何?"曰："此正是一循于理，是天理合如此，本无私意作好作恶。"曰："'如好好色，如恶恶臭'，安得非意?"曰："却是诚意，不是私意。诚意只是循天理，虽是循天理，亦着不得一分意。故有所忿懥、好乐，则不得其正，须是廓然大公。"

再就是：

一向着意去好善恶恶，便又多了这分意思，便不是廓然大公。

就像如上说的一样，行善去恶的意志紧张性是被当作"私意"看待的。阳明的目标是到达在无意识中获得所有行为的正确性的这一境界：

问："圣人应变不穷，莫亦是预先讲求否?"先生曰："如何讲求得许多? 圣人之心如明镜，只是一个明，则随感而应，无物不照。"

另外还有：

唐诩问："立志是常存个善念，要为善去恶否?"曰："善念存时，即是天理。此念即善，更思何善? 此念非恶，更去何恶? 此念如树之根芽，立志者，长立此善念而已。'从心所欲不逾矩'，只是志到熟处。"

这些指的就是阳明的目标境界。这个境界被当作"心"原本的存在状态这一点，和白沙是一样的。换言之：

> 天下人之心，其始亦非有异于圣人也，特其间于有我之私，隔于物欲之蔽，大者以小，通者以塞，人各有心，至有视其父子兄弟如仇雠者。圣人有忧之，是以推其天地万物一体之仁以教天下，使之皆有以克其私，去其蔽，以复其心体之同然。

这里说的就是圣人的"心"，必须是"心"原本的存在状态。众所周知，形成阳明学问的中心的另一个概念是良知，这个良知可看成是现在我们所讲的在无意识中让所有行为正确的人类本来具有的能力。也就是说：

> 圣人致知之功，致诚无息。其良知之体，皎如明镜，略无纤翳，妍媸之来，随物见形，而明镜曾无留染。所谓"情顺万事而无情"也。"无所住而生其心"，佛氏曾有是言，未为非也。明镜之应物，妍者妍，媸者媸，一照而皆真，即是生其心处；一过而不留，即是无所住处。

再就是

> 良知良能，愚夫愚妇与圣人同。但唯圣人能致其良知，而愚夫愚妇不能致。

从此可知良知为何物。

如此看来，白沙的学问和阳明的学问在目标上是一致的。然而在达到终极的方法上两者是不一样的。如前面所述，白沙是通过静坐的方法来达到这一目标，与此相对，阳明的方法是包括读书的"事上磨炼"。也就是说，阳明认为：

> 圣人述《六经》，只是要正人心，只是要存天理、去人欲。

又

> 学是学去人欲、存天理。从事于去人欲、存天理，则自正诸先觉，考诸古训，自下许多问辨思索、存省克治功夫，然不过欲去此心之人欲，存吾心之天理耳。

又

> 务去人欲而存天理，则必求所以去人欲而存天理之方。求所以去人欲而存天理之方，则必正诸先觉，考诸古训。

再就是

> 圣贤垂训，莫非教人去人欲而存天理之方，若《五经》《四书》是已。

他承认读书的重要性，但是增加了"事上磨炼"这个重要的方法：

　　有一属官因久听讲先生之学，曰："此学甚好，只是簿书讼狱繁难，不得为学。"先生闻之，曰："我何尝教尔离了簿书讼狱，悬空去讲学？尔既有官司之事，便从官司的事上为学，才是真格物……簿书讼狱之间，无非实学。若离了事物为学，却是着空。"

　　又

　　人须在事上磨炼做功夫，乃有益，若只好静，遇事便乱，终无长进。那静时功夫，亦差似收敛，而实放溺也。

　　由上可以看出阳明的方法为什么和白沙的方法不同，也可以说其反倒和朱子的方法有关联。然而阳明也并非全部否定静坐：

　　刘君亮要在山中静坐。先生曰："汝若以厌外物之心去求之静，是反养成一个骄堕之气了。汝若不厌外物，复于静处涵养，却好。"

　　当然阳明曾泛滥于道教佛教，所以容忍静坐也许可认为是那个时代的遗物。然而根据《年谱》，上面这件事是阳明晚年发生的。这一事件和阳明对于静坐的容忍以及学问的根本有着深深的关联。反过来想，事上磨炼既然针对静坐而言，其实质可认为是贯穿动静的手段。"人须在事上磨，方立得住，方能静亦定，动亦定"，就是这个意思。

　　由上可见，阳明的学问和白沙的学问虽然有显著的类似，但在本质上是不同的。如果联系到前面所述白沙和朱子的异同之处的话，那么阳明学问的独特性就更加明显了。换言之，朱子的学问和白沙的学问都是在基于习惯事实的同时，各自强调一面，与此相对，阳明的学问可说是在"自在"的同时重视这两个方面。对于这个结论还有更强有力的证据，那就是阳明认同把静坐当作做学问手段之一。要马上明确这一点虽然未必容易，但至少下面两条可以说明这一点：

> 一日，论为学功夫。先生曰："教人为学，不可执一偏。初学时心猿意马，拴缚不定，其所思虑多是'人欲'一边，故且教之静坐息思虑。久之，俟其心意稍定，只悬空静守，如槁木死灰，亦无用，须教他省察克治。"

> 日间工夫，觉纷扰则静坐；觉懒看书则且看书，是亦因病而药。

这些话看似可以理解成包含把静坐当作一时的方便的倾向。然如前所述，静坐是事上磨炼的本质性要素之一。所以我们可以从这些话语中排除以静坐为一时之便的理解。在必要之时，我们可以将其作为事上磨炼的本质要素，放在善恶之上，加以实现的意志性紧张，为了行善而有意识地排除有可能陷入肆意行为的手段。换言之，静坐即使可以将善从否定性的意志紧张性中解放出来，但也可是忘却的对象。

> 省察克治之功，则无时而可间，如去盗贼，须有个扫除廓清之意……常如猫之捕鼠，一眼看着，一耳听着，才有一念萌动，即与克去，斩钉截铁，不可姑容与他方便，不可窝藏，不可放他出路，方是真实用功，方能扫除廓清。到得无私可克，自有端拱时在。

如上所述，事上磨炼应该不断进行。即使如此，忘却对象的静坐也是这一事上磨炼的本质性要素之一。这原本是基于什么样的理由呢？我们认为，阳明的目标是在"自在"之上通过习惯获得的。我们从此也找到了我们在先前论述的结论的一个理由。

而且在这一结论上，还可以专门强调"虽不知道有什么程度的自觉，但至少是'自在'性的"。强调阳明的目标是通过习惯获得的，是因为阳明也许自己也觉察到了这一点。只是阐明这一点，即使作为实践的理论可以容忍，作为实践理论的根基的存在论的立场却是不能容许的。也就是说，与其说这是获得之得，应该获得的东西，还不如说是本来存在的东西，是存在论使其然也。所以这个"良知"需要形成习惯，是因为阳明自己也觉察到了，却没有明确表明这一点的余地。前面所引用的"从心所欲，不踰矩形，只是志到熟处"，不能不说是这个自觉的微小反映而已。

总而言之，若阳明的"良知"是通过习惯形成的话，阳明的学问就和朱子的学问、白沙的学问站在了共通的地盘上，即习惯的事实可以说是这三个头脑思索的原动力。众所周知，在这三个学者的体系中，朱子的体系和阳明的体系距离最远，虽然如此，他们在思索的原动力上有着共通性，从而揭示了中国人精神的一个特性，值得关注。并且这两个事实不应该只取矛盾关系，两者尽管有矛盾的一面，但在事物的内侧也许有着必然的联系。在这一点上，对习惯现象有必要做更深层次的分析。当然在这一问题上，比起白沙来说更应该对阳明和朱子进行分析，但现在我们还不准备这样做。只是在这里想起了西田博士说的："我认为，在天地人三才之间思考出来的东洋式之道、理之类，与其说是逻辑性的东西，还不如说是有技术性的东西。"① 博士说的意思对于浅学的我们来说是不容易窥测到的，但假设习惯是技术这一概念固有的东西的话，那么我们的预想和博士的直观便是一致的。

---

① 西田几多郎：《知識の客觀性について》，《思想》第二百四十八号，第 9 页注。

阳明学的性格

　　以朱子为集大成者的宋学之所以能在近世中国盛行，在于不管什么人，只要做学问就有可能成为圣人。本篇论文的主题是阳明学尽管与朱子有显著分歧，但其却是从成圣出发的，这一点无疑是阳明学的特征。众所周知，王阳明在为学的过程中，最先在如何成圣这一点和朱子学有所分歧，然其结果又回到了成圣，并在此使其思想得到了大力发展。

　　那么对于王阳明来说，圣人到底是怎样的呢？阳明的学问屡次变迁，其成立之前和成立之后，据说都发生了三次变迁。圣人概念一开始并没有什么固成的东西，随着相关思索的发展，内容也发生了变迁。假如能追溯其变迁足迹的话，无疑会成为非常有趣的主题。然而这在事实上是不可能的。我们只是知道阳明的学问成立之后，在某个时期这一概念得到了确立，但阳明学成立之后，我们不认为发生了根本性的变化。虽然有学者主张阳明的学问在成立之后发生了三次变化，但这一观点并非否定阳明学成立之初的"心即理"这一阳明学的精髓。这也表明，"三变"并不意味着发生了根本性的变化，这一期间的圣人概念在内容上即使稍微有些变化，也不是根本性的。因此，我们所知道的概念到底属于哪个时期，这个"时期"对于问题的解决并非那么重要，即便是自觉成立的时间靠后，我想"心即理"这一说法也已经包含在其中了。

　　下面我们可以用一句话来总结：圣人之所以成"圣"，取决于"天理"的纯正，而不在于才力。可以用有名的精金之比喻来说明这一点。精金之所以成为"精"，在于其成色足，没有铜铅之类的杂质，和其轻重也没有关系。同样，圣人之所以能成"圣"，是因为其主张"天理"之纯粹而非"人欲"之杂乱,所以与其才力大小无关。说到才力的话,尧舜堪称万镒,周文王孔子是九千镒,禹汤周武王是七八千镒,伯夷伊尹是四五千镒,如果从纯粹的"天理"出发的话,他们并没有什么差异,大家都称得上是圣人。与尧舜的万镒相对,孔子的九千镒,是根据孔子继承和祖述了尧舜的学说、文武王宪章,在孔子的才能比尧舜要低这件事情上,孔子的弟子之间存在过有争议。然而在阳明看来,为圣人争分量只不过是些表皮的东西,假如脱离表面现象的话,尧舜的万镒也不多,孔子的九千镒也不少,圣人这一概念从本质上来看,只是因为其纯粹,而非分量的多与少。所以"天理"正是因为其纯粹,而非力量气魄如何。从这一见解出发,即便圣人说"无所不知,无所不能",但这并不是指圣人的知识才能,而应该把圣人理解成"知天理能天理"。圣人生而知之指的是道义方面,而非礼乐名物的种类,圣贤并不是没有功业气节,但圣贤不因此而成圣,大家都是处于同样的立场而立言。

圣人这一概念的核心在于天理纯粹这一点,那到底是指的怎么样的情形呢?为了弄清这点,我们必须注意没有夹杂人欲这一点。所谓"人欲",也可称为私欲、私意或者私,可以理解成在做某种行为时没有得到客观正确的力量。例如,圣人之心和世界万物融为一体,只要是有生的东西便可以和昆弟赤子一样亲近。与此相反,天下人心本来就和圣人们没有什么不同,划分为有我之私,隔于物欲之弊,所以有时导致一些父子兄弟之间也存在仇恨。有时即使行为是客观正确的,要是动机不纯的话,也还是有私心的。例如,五伯攘夷狄尊周室,全都是因为私心,而非尊天理。尽管五伯的行为合乎情理,但是内心动机不纯,往往有人艳羡其行径,仅从外表来评价其很出色。所谓动机不纯,和见善行善、见恶去恶是相反的。但是我们必须要懂得,所谓为善而行善、为恶去恶的有意紧张,也会被称为是私心。当然这并不是在批判善之所以为善是因为行善,恶之所以为恶是因为恶是去不掉的这一观点,不,这正是成为圣人的理由。和"好好色、恶恶臭"一样，好善嫉恶便是圣人就是这个意思。只是在这种情况下，伴随意志性的紧张的私心是受到责备的。换言之，"好好色、恶恶臭"只是根据"理"，也就是根据"天理"。对于阳明的这个无私心的意见，弟子们对"好恶"不能不说是"意"这一点进行过批驳，但阳明说，这是诚意并非私意，诚意是仅仅遵从"天理"而已，遵从"天理"便不需要加上丝毫的"意"。在另一个场合，他又说为学的功夫深浅是有差别的，为学之初都很着实用意，如果不好善恶恶的话，是不能行善去恶的，扎实用心是诚实的，然而不知心之本体原本无一物，着实用意则是诚实的话，这样便会用意过多，不会廓然大公。这些例子，是对行善不去恶的意志性紧张感是"私意"的有力证明，也就是说，这是对为什么"好好色、恶恶臭"会受到责难的一些说明。若私意就是前面描述的那样的话，那么天理之纯到底指的是怎样一种情况也就自然明了了。

为了应对私意的三层意思，可以从三个侧面来考虑。与私意第一层意思相对应的侧面，是所有的行为都不会伴随指向相反方向的可能性，是实现客观的正确性。第二层意思相对的侧面，是所有的行为实现客观正确性都是根源于内心的欲求。第三层意思相对的侧面，是所有的行为都是在无意识中实现客观正确性的。不过，不论何种行为，假如其行为的实现不带有向反方向发展的可能性的话，那就是基于内心的要求，如果是基于内心要求的话，那其实现不仅不需要有意识的努力，相反这个意识的努力如果是必要的话，都很难说是根源于内心的要求。这样一来，前面所列举的三个侧面的第一个侧面归结于第二个侧面，第二个侧面归结于第三个侧面。换言之，纯粹的天理也就是要求所有的行为都是在无意识中实现其客观正确性。圣人应对无尽的变化，圣人心如明镜，映在随感待物上，就是这个意思。所谓"从心所欲不逾矩"的境地，就是立志也即为圣立志的结果，讲的都是必须在同样事态立言。

如果上述说法能行得通的话，阳明的圣人概念就未必一定是阳明独有

079

的东西。其他的暂且不论，阳明学的先驱者陈白沙的圣人概念，不仅这些，还有被阳明否定的朱子在这一点上也完全是一致的。关于这一点，笔者已经从别的侧面讨论过，这里就不加详细说明了，但可说影响过朱子思维的圣人概念，也同样影响到了其反对者陈白沙以及王阳明等人思想。

那么，对于阳明否定朱子的学问重新建立了新的立场这一历史事实，应该如何解释呢？假使允许我们先说出结论的话，那就是两者根基都是一样的，只不过在理论构成上的方向是逆转的。阳明起初否定朱子学的动机，是因为他认为万物都必定有表里好坏，一草一木皆含至理命题，大家知道，他曾用门前的竹子格其理，并无收获，反而病倒了。这一经历其实不过是对朱子学的戏剧化讽刺，朱子学是不是真的要求那样的格竹功夫，对于这个疑问我们在后面会加以阐述的。即便如此，可认为这样的戏剧性里面，有着朱子学关于"理"概念的特征。一言以蔽之，语言最好的价值是脱离主观，只用纯粹的客观态度来追求行为法则，于是，懂得相关事物也就是所谓的"穷理"。虽说如此，但朱子并不是仅在这个阶段就能完事的。在这个阶段，虽然"理"和"心"还没统一，但通过学习，使两者达到统一的境地，就是其目标。不知王阳明在前面讲那个失败经历时，注意到这一点没有。自那之后，王阳明认为圣贤有分，不是自己所能期望的，于是耽溺于辞章学；但在另一方面，其还是苦于没有领会到至道，直到某日在朱子的上疏里面读到：居敬持志是读书之本，从序致精是读书之法，意识到了没有依照以前的方法才没有得到期望的东西，开始从序"思得渐渍洽浃"；然而又苦虑"心"和"理"为什么要分成两样东西，烦恼的结果是病倒了，所以越发觉得自己没有成为圣贤的资格，偶然听到道士谈论养生，阳明也就萌生舍弃人世间的想法了。这里重要的是，尽管希望得到从序"渐渍洽浃"，但是在感到"心"和"理"是两样不同的事物这一点上，阳明也和朱子一样朝着将"理"和"心"看成一体的境界前进，但是从自己体验得出的事实来看，这是不容易实现的，说明阳明有了焦虑，这也是后来阳明脱离朱子学构建新理论的机缘。所谓新理论，不用说是吾性自足，之前的从事物上寻求"理"是错误的，所以就有了所谓的阳明龙场悟道，得出了"心即理"学说。龙场悟道若是体验到事实的话，也就意味着开始站在了"心""理"同一的境界，把这看作是自觉的内容的话，就意味着将朱子为学的结果看作是人类本来性的结果。本来，说"心即理"时，"理"是该实现行为的客观正确性，在这一点上，其和朱子的"理"一致，是立言过程中可以预想到的。然而单凭这一点还不能称得上"理"，能称得上"理"的，同时必须具备"心"的表现条件，这就是"心即理"学说所主张的一个东西。这正如前面所引用的那样，世人虽说五伯的所作所为是合理的，但这其实是有私意的，不能说是合"理"。

另外，阳明对事亲时的"如何而为温清之节，如何而为奉养之宜？须求个是当"之说进行了批判，说如果这些仪礼才是得当、至善的话，那么演员照着那样扮演不也可以成为至善吗？他认为所谓的至善，只能是"此心纯乎天理之极"。然而，若"理"不是"心"的表现的话，则不可能是"理"，"理"就不可能把"心"排除在外，即使得出这样的结论，也不能说"心"就是"理"。既然说"心"就是"理"，那反之就意味着"心"的表现任何时候都是"理"。我认为阳明的想法确实如此，例如，他批判程子的"在物为理"之说，认为"在"之上应该添加个"心"字，这个"心"出现在物上就是"理"，这个"心"字出现在事父之时就是"孝"之理，出现在事君之时就是"忠"之理。他还说："所谓汝心，却是那能视听言动的，这个便是性，便是天理……这性之生理，发在目便会视，发在耳便会听，发在口便会言，发在四肢便会动，都只是那天理发生。"虽然这与之前的表现或许不同，但意思可以说是一样的。"心即理"学说的最终表现，在于心的显现即是"理"。在朱子那里，学习的结果无疑是"心"和"理"处于同一境界，也就是说，提倡"心即理"与事态体验作为事实成立的同时，从把朱子为学终极得到的东西当作人类的本来性来把握这一意义上，其在理论构成的方向上就能够逆转。尤其是不能认为朱子学里就没有把相关事态作为人类的本性来考虑的思想。

譬如"复初"这一概念就是以相关想法为背景的。朱止泉认为，朱子"格物论"是站在"心理合一"这一立场的。这个解释虽然有点过分，不能说是把握住了朱子的历史性立场，但这样的解释绝非偶然，可以说"心理合一"学说的萌芽已经存在于朱子的思想中。相反，把相关事态作为人之本来状态来看的王阳明，也并没有因此而放弃为学。事实恰恰相反，他说，圣人们被认为"生知安行"，圣人们应该毫无障蔽地保全良知，自然不息地加以细心注意，这一点才是学知，强调了为学的重要性。如此看来，这些话并没有否定我们先前分析的圣人这一概念。详细而言，圣人的所有行为都应该方正为善，而不是去做有意识的努力。认为保全良知的行为具有自然不息的特征，就意味着并不存在意志性的紧张。尽管如此，认为这一作用包含普通意志性紧张的说法，造成了阳明的概念实际上没有全面覆盖普通之学的概念这一结果。对此以后还会再次提及，前面这一段含有即使是"生知安行"的圣人也要"学知"的话，也不能否定阳明对为学的重视。一方面存在朱子也把"心"和"理"合一的事态看成是人类的本质的看法，但在另一方面，阳明学虽承认为学的必要性，然而在理论的构成方面，并没有被朱子关于这个问题的看法支配，反之阳明将其挤压出正面，从这一立场对为学概念加以了重新认识。这就是两者的根本不同。这一不同也许在如下的表现上更为恰当。也就是说，朱子和阳明处于相同体验，只不过前者在到达体验过程中已经形成了理论，与之相反，后者从体验出发形成理论。一个是自下而上的理论，另一个是自上而下的理论。如果有必要使用中国思想史内部产生的范畴表现这一差异的话，那就只能借用"道问学尊德性"的范畴了。这一范畴原本是为了揭示朱陆两者学问的差异，从《中庸》那里借用来的。如前所述，将这一范畴无条件地运用于两者也有危险，然而自下而来的理论，是从为学的事实分析出发的；自上而来的理论，是从德行的实体分析出发的。如果在这一意义上使用"道问学尊德性"的范畴的话，便可以方便地说明朱子和阳明的立场特征。

那么这样的方向逆转，带来了什么样的归结呢？

首先应该指出的是"物"的变化。本来朱子在使用"理"这一词语时，是认为其在任何意义上都是脱离主观的、作为纯粹客观的东西来追求的，他认为"物"从"心"独立出来，不管"心"之有无，都被认为是存立或者存在的。与此相反，在阳明学中，"理"正是因为被认为实际上是"心"的表现，所以在朱子学中，"物"的概念理所当然地得不到支持。换言之，在阳明的"理"不可能存在于"心"之外的命题的反面，有着"物"也不可能排于"心"外的命题。

其次，他将"心"和"性"看成同一，认为"理"不可能排除在"性"之外，"物"也不可能排除于"性"之外。那么这到底是什么意思呢？阳明对"物"不可能在"心"外这一命题进行了如此说明：身体的主宰是"心"，"心"发出的是"意"，有"意"的地方是"物"，再就是所谓的"物"就是"事"。他解说道：用"意"事亲的话，事亲就是"物"之一；用"意"治民的话，那治民就是"物"之一；用"意"读书的话，那读书就是"事"之一；用"意"听理诉讼的话，那听理诉讼就是"物"之一。换言之，阳明所认为的"物"不是常识中所谓的"物"，而是"事"。话虽如此，但不能说没有常识性中"物"的意思。有一天，他说"物"不可能排于"心"外，弟子指着岩石中的花树问阳明："天下无心外之物，如此花树，在深山中自开自落，于我心亦何相关？"先生曰："你未看此花时，此花与汝心同归于寂。你来看此花时，则此花颜色一时明白起来。便知此花不在你的心外。"他还说，因为若是天没我灵明的话就不必仰望其高，若是地没我灵明的话就没必要俯视其深，鬼神没有我灵明的话就没必要辨明其吉凶灾祥，离开了我灵明的话天地鬼神就不存在。这说明阳明的"物"概念中有常识性意思，然而这些并不是这一概念的核心。这一核心归根结底在"事"里。虽然先儒们说格物就是穷究天下事物的道理，那天下事物怎样才能穷尽呢？暂且认为一草一木皆有理，那么怎么才能穷究它呢？即使能格草木之理，那为什么要反躬自己的意之诚呢？他认为"格"字是"正"之意，"物"字是"事"之意。他还说，"理"不可能排于"心"外，"事"也不可能排于"心"外，反映了作为"事"之"物"的意思。虽然"物"即是"事"，但"事"始终有其外在的对象，"事"是附着在外在的"物"上的。作为"事"的"物"有机缘得到常识性的所谓"物"的观念，我认为，极力向这一方向推进的，正是上述那种堪称观念论的存在论思辨。但仅仅将之评价为观念论也是有问题的，就如后面所述那样，阳明所说的"心"，并不是先有"心"然后才有行为，而是说一有行动立马就有"心"，除去行为就没有所谓的"心"。即使是外在的场合，"物"的存在和"心"的存在也是相辅相成的，除去"物"的存在的话"心"也不存在，可见其没有先有"心"后有"物"这样朴素观念论的想法。上面所举的有关花树的例子，可以看到观念论的东西，我想这实际上是我们自身在有关"心"的朴素实体论上有着烦恼。

暂且先不管这些，阳明的"物"的概念的核心，归根结底在"事"上，外在的"物"是其次的。换言之，王阳明重视对"格物"的解释，有关外在"物"的存在论思辨没有成为其关怀的中心。前面所引述的王阳明对朱子格物论学说的批判中，从"物"这一概念驱逐常识性的"物"，只把它解释为"事"，这一事实使得我们不得不做出这样的解释。假使阳明的关心是在存在论的思辨上，那其在格物论上对于常识性的"物"的意思，就应该以某些形式进行保存，就像批判朱子的"物"时所说朱子的"物"就是常识性的"物"这一点是值得怀疑的。总体上来讲，这一批判是基于一种曲解，是对朱子学的戏剧化。我们并不是仅仅指阳明举的一草一木这样的极端例子，阳明在其他地方寻求所有事物的"理"，从父母身上寻求"孝理"，也是其中的一些类型。这些都是从前面提到的朱子批判来的，但不能不认为那是一种曲解。假若朱子的穷理也是从父母身上寻求"孝理"类型的话，那的确是毫无意义的。不如说朱子的穷理是从事亲上寻求"理"，因为朱子明确表示"物"和"事"是相同的，所以才不得不这么解答。当然，不能说朱子的"物"论就没有像阳明曲解那样的意思。朱子的仅限于所谓的"物"是与"事"相关的对象这一理念，概念的核心是在"事"里，这些和阳明的立场是相同的。与朱子的把"物"和"心"分开独立考虑相反，阳明把"物"和"心"结合在一起考虑，这到底是根据什么样的理由呢？以事亲为例，与阳明的把事亲这一现实行为排除在外、认为事亲没有一般性相反，朱子脱离每个事亲而思索事亲的一般性。换言之，朱子的"物"（事）论是概念性的，阳明的"物"论是行为性的。所以带来了如上所述各种各样的立言的差异。概念性的事亲是把"心"当成领域以外来考虑的。但是作为行为性的事亲，便不能把"心"排除在外。于是产生出如上所述的立言的差异，便是理所当然的了。

这里值得注意的是，如上所述，"物"不可能在"心"外，"心"也不可能脱离事物而求得。他说，在事事物物上求至善是义外，至善是"心"的本体，只要明明德而达到至精至一，那就是至善，然而并不能和事物脱离开来，吾儒虽在养心上没有脱离事物，佛家却竭力断绝事物，把"心"看作是幻相，说的就是这种情况。虽然相关说法乍看很难理解，但如前面所述，"心即理"也就是"理"即"心"的表现，同时也包含有"心"的表现始终是"理"，这并不唐突。换之也可以说，"物"不在"心"外与前面的意思相对应，"心"脱离"物"便不可能求得，则与后面的意思相对应。那么这具体是什么意思呢？如上述一样，因为阳明的"物"是作为行为的"事"，所以"心"不可能脱离"物"而求得，也就意味着如果把"行为"排除在外的话，便没有"心"。从这儿我们可以找到极有特征的"心"概念。也就是说，行为虽然可能从"心"开始，但并非先有"心"后产生行为，这"心"实际上是由行为而开始的"心"。虽然阳明生平以"无善无恶心之体，有善有恶意之动，知善知恶是良知，为善去恶是格物"之四句诀来教导人，但根据阳明自身的说法，这四有说只不过是为了指导钝根之方便，作为指导利根的理论，若是心之体无善无恶的话，那就应该意、知、物都无善无恶，相反，若是意也有善恶的话，心之体也应该有善恶，那四无说就能成立。同样的情况用别的语言加以说明的话，虽然利根一悟就达到了本体即功夫、人己内外这样"透了"的立场，但因为钝根一定会有习心，会屏蔽本体，所以暂且在意念上的为善去恶处下功夫，这个功夫成熟了的话，就能去掉全部渣滓，那本体就会十分明了。这些说法都足以证实我们的解释。

毋庸赘言，阳明的"心"概念显示出，所谓的心之本体是善，也意味着功夫为善，并不是功夫成善后本体才开始成善，而是意味着功夫即善之本体。无善无恶心之体的表现，让人想起不思善不思恶之说，因为被认为是否定了孟子的性善说，所以有些学者对此有所怀疑。所谓心之体无善无恶，指心之体为至善，因为无恶，于是才意味着无善，所以上述的怀疑反而被认为是错误的。这一学说或许是正确的，即使上述说法值得怀疑，那对我们来说也是无关紧要的。之所以要引用这些话，是因为我们阐述上面那些状态时，其实用"本体即功夫"这五个字来表达最简单明了。本体也就是功夫，这一思想在别的话里也有，在其他地方也屡次被发现。例如，心的"未发"之体是在"已发"之体之前吗？在"已发"里是主要的，还是没有前后内外，是浑然一体的呢？对于这些疑问，可以这样回答："未发"虽在"已发"之中，但这并非在"已发"里成为别的"未发"，而"已发"虽在"未发"之中，但这并非在"未发"里变成别的"已发"，宛如和这成为表里的"中"和"和"也是不能分离的，就像以面前的火为例，火本身是"中"，火照亮物体就是"和"，举火的话，那光就自己照亮物体，火和照是不能分离的，与此同样，"中"和"和"也是一体不能分离的。这不是先有"未发"然后再有"已发"，还有"未发""已发"也不包含对方，可说是"未发"即是"已发"、"已发"也即"未发"，也就是本体即功夫的思想。针对不睹不闻指本体，那戒慎恐惧是否指功夫的疑问，阳明是这么阐述的：本体本来就是不睹不闻、戒慎恐惧的，虽说是戒慎恐惧，但并非在不睹不闻之上加上某些东西，如果正确理解的话，说戒慎恐惧是本体，不睹不闻是功夫也行。所谓不睹不闻，根据王阳明的解释，"睹"和"闻"都是只是一个"理"，特别是指没有"睹"和"闻"这一作为，所以说他们是本体也是很自然的。这不是根据本体即功夫的思想又是什么呢？总而言之，眼睛看，耳朵闻，把看和闻排除在外的话，就不可能有所见所闻，把行为排除在外的话，那也不能成"心"，这就是阳明的"心"概念。王阳明也使用我们现在使用的例子，说："目无体，以万物之色为体；耳无体，以万物之声为体；鼻无体，以万物之臭为体；口无体，以万物之味为体；心无体，以天地万物感应之是非为体。"这些说法，是我们的解释无误的最有力的证据。

如此看来，阳明的"心"概念有极其显著的特征，用一句话来概括，那就是：其不是朴素实体性的而是行为性的。既然是如此之"心"，将那个关于花树的言说之类评价成朴素观念论的话，就不一定恰当了。对此我们前面就提出来过。我们虽然在之前指出过只有生知安行的圣人才能被认为是学知，但这样的结论也还是以上面那样的"心"概念作为背景的。生知安行用一句话概括，就是生而有德性，如上所述，说心之本体即功夫，而实际上通过开始为学而获得德性这样的事态是不可能有的。不如说是所谓的有德性是现在正在学。生知安行的圣人当然可以说是学知。然而这样的话，把有德行排除在外而所谓为学事态能成立的话，那和本体即功夫这一命题就是矛盾的了。因此在阳明学的为学概念中，可以预想会发生变化，为学不是为了获得德性的努力，而是指德性在此得到不断发挥这样的事态。说王阳明把"道问学"和"尊德性"分开是错误的，"道问学"是"尊德性"的理由，也是基于这个想法。如果在序中注意到的话，最后的这一段话告诉我们，吴草庐总结的朱子是站在"道问学"的立场、陆子是站在"尊德性"的立场的这一特征，将之用来概括朱子和阳明的话，便是非常危险。假使非要强行套用的话，我们认为那就必须将这些范畴限定在前面讲的那样的特殊意义。换言之，这和理论内容无关，应该把它作为与理论特征相关联的东西来使用。

和"心"概念互为表里的，是知行合一之说。提出这一学说的时期和提出心即理的时期不同，但并不意味着这两者在理论上存在距离。两者的关系不是单纯的表里关系，知行合一是对心即理学说的阐发。心外而求理，即是将知行一分为二；求理于吾心是圣门知行合一之教，讲述的都是两者的相关关系。阳明认为，当今做学问的人一味地把知行分为二，即使有一念的不善，如果不行动的话便没有妨碍，所以可以不加以禁止；然而一念发动之时，就意味着马上会行动，在发动时若是有不善的话，为了让这不善的念头不潜伏在心中，必须要加以彻底的克服，阳明认为知晓这些就是知行合一学说立言的主旨。而当今的人把知行一分为二，认为正是因为先"知"才有"行"，现今都在"知"上下功夫，真正地"知"了之后，再在"行"上下功夫，所以终身不行动，还有终身不"知"，这也不是小病痛，而是由来已久，现在自己解说知行合一，可以说是作为治那病的药。限于此，知行合一学说完全从伦理性要求上来讲的，然而若是有动机的话，那这就是深根在阳明学体系里的东西。阳明说，后面这些文章直转急下，但并非自己乱说，而是因为知行的本体原本如此，其在其他地方也讲过，知行合一之说是为吃紧救弊而发的，知行之体原本如此，以自己之意加以抑扬，而不是为了暂时的效果才提出这一学说的，可知这不是单纯的辩解。

那么，知行合一到底是什么意思呢？阳明认为，知为行之主意，行为知之功夫，知为行之始，行为知之成，知之真切笃实即是行，行之明觉精察即是知。那这到底具体指的是何种事态呢？人原本有食欲之心，然后知食，食欲之心也就是意，也就是行之始。食之味道的好坏必须入口之后才知道，有不入口就知道食之味好坏的人吗？这就是前者的例证。见好色属知，好好色属行，只见那好色时已自好了，并不是见了之后再起好色之心；恶恶臭也是如此，这是后者的例证。说到底，好色恶臭的例子是前者，食味的例子是后者，例子同时列举时就和我们的解释颠倒了。想要表达的意思就在于此。换言之，前者是有关于外在性行为的立言，后者是关于内在性行为的立言。总之，不论是内在行为还是外在行为，它们都同时意味着"知"，这就是知行合一的一个意思。尽管知行合一如此，现在的人知道孝父悌兄，却不能孝父悌兄，是因为被私欲隔断，不是知行之本体，人要开始行孝悌才知道孝悌，仅知晓孝悌的言论不能说是知晓了孝悌。也就是说，知行合一这一学说在于，"行"意味着"知"这一主张的反面，也必须包含"知"不可能把"行"排除在外。只有这样才懂得知行合一学说和"心"概念互为表里的理由。说到底，其必须有一个前提，那就是"知"和"心"原本是合一的，这便是王阳明自身的想法。知是心之体、心自然会知，见父自然知孝、见兄自然知悌、见孺子落井自然知恻隐，这些就是明证。身之主宰便是心，心之所发便是意，意之本体便是知，说法虽稍有不同，但都是相同的主张。"知"和"心"的关系既然是如上所述，那从心即理导出知行合一就是理所应当的了。而通过知行合一学说向致良知说发展，将上述那样的"知"命名为"良知"，① 也绝不是唐突的转变。

综上所述，我们以"物、心、知"为中心，阐述了自上而来的理论构成带来的归结。但也必须预见到，相对这些概念的变化，"理"的概念也产生了变化。那么到底有什么样的变化呢？那就是再也不说"理""气"对立这一点了。

众所周知，朱子的立场，是根据"理"和"气"的二元来说明有关自

---

① 这一条与徐爱记录的有关，徐爱卒于武宗正德十二年，阳明提出致良知说是在正德十六年。

然和人事的所有现象。然而在阳明那里，"理"和"气"的对立已经消除，将两者作为相同东西的两个侧面来理解。也就是说，理即气之条理，气则理之运用，没条理的话则不能运用，没有运用的话，也看不见所谓的条理。同样，朱子也没有让"性"和"气"对立，若能明白地见得"性"的话，那么气即性、性即气，这两者原本就没有区别。所以这样说，是因为其互为表里，将"性"和"理"看成同一。

再就是"理"被认为是宇宙论式的原理，天地间原本就有"性""理"及"良知"。良知是造化的精灵，这些精灵生天生地，成鬼成帝皆从此出，这些一元论式的宇宙观，也是基于"理"和"气"的认同作用。人的良知即是天地万物的良知，天地万物若是没有人的良知，就不可能成为天地万物。接着他又论述了天地万物和人本来就是一体，那发窍的最精华部分是人心一点之灵明，风雨露雷、日月星辰、禽兽草木、山川土石与人原本只是一体，如此五谷禽兽等才能养活人，药石等才能治病，把这些都当成一气的话，就都是相通的了。再者，天地鬼神万物离开我之灵明是不存在的，我之灵明也不可能脱离天地鬼神万物而存在，正因为如此，才能够说得上是一气流通事态。这些例子，揭示了作为宇宙论原理的"理"和"气"必须是同一的。

那么，这个同一方向的转换，是怎么产生的呢？关于这一点的说明，已经不能用心即理之说来作形式上的说明了。必须追溯到为什么朱子建立理气二元哲学论这一问题。

正如我在别的文章中阐述的那样，[1] 在朱子学中，所有的存在生成都用"气"的原理来说明。尽管如此，其没有在和"气"平行的地方举出"理"的原理，是基于道德论的必要。本来"理"是存在论的原理，而"理"在存在论中到底扮演着什么样的角色一直不太明了，总给人以附件式的感觉，

---

① 参见拙稿《关于朱子的"气"》。

但其在道德论中起着极其明了重要的作用，雄辩地说明了这个原理的系谱。我认为，道德的世界毕竟是理想的世界，始终和现实相脱离。因此，除了对现实是怎么样的加以说明外，在其道德论上还必须要说明理想应该怎样实现。所以这里除了"气"之外，还应该将"理"作为存在论的原理加以列举。如果只是为了满足道德论的要求的话，现实就是非存在的，理想才是真实的存在。换言之，用"理"来调换"气"的原理而构成理论也是可能的。然而现实是掩盖不了的，从现实出发的朱子学对现实的说明也不是那么容易放弃的。于是这里不使用置换"理"这样直接的方法，而是将之和"气"并行而成为"理"的原理的二元论构成。这样做，和前面说过的朱子的理论是自下而上的这一点是一致的。

在朱子那里，"心"和"理"合一并不只是理想，而是活生生的体验事实。将这一事态作为人的本来姿态来加以的思考，虽然还很微弱，但还是体现出来了。尽管如此，朱子没有正面地提出这个想法。换言之，其没有从体验事实出发，而是在到达过程中去构筑理论。这一事态虽然不是理想的，却是基于只要是应该实现的就不一定不是现实的这一理由，表现出了和理气二元论构成时完全一致的态度。可以说理气二元论也具有自下而上的特征。如果说这是理气二元论的特征的话，便很容易察觉阳明的理气同一说是自上而下的理论，这也带来了理气同一论不可能对现实加以说明的后果。关于恶的问题尤其如此。如果严格地根据阳明学说的话，善恶这一概念只适用于人的行为。有一天，某弟子除草时感叹道：为什么天地之间，善难培养，恶难铲除？王阳明教导说，那是因为只培养不铲除造成的，又说，如果仅从外形上看善恶的话，便是错误的。弟子不知其意而发问，王阳明是这么回答的：天地万物和花草是一样的，没有善恶之别，你想赏花，花就是善的，你想除草，草就是恶的，可如果有一天你想用草，那草就是善的，这些"善恶"都是由你的心之好恶产生的，所以说是错误的。总之，将善恶适用于外在的事物是错误的。那么人的行为中什么样的东西是恶呢？

王阳明建立了"善恶一物"这一命题。善恶应该是冰炭不相容的两物，那为何又把善恶说成是一物呢？对于这样理所当然的疑问，王阳明是这么回答的：至善为心之本体，在这本体之上稍微有过分的地方，那就是恶了。并不是有一个善，便会有与之对立的恶，因此善恶是一物。提问者听了之后说：善本来是性，恶也不能说不是性，善恶皆天理，被说成"恶"的东西原本非恶，只不过在本性上过分和达不到，这才知道程明道的说法是正确的。据此，善恶即使是一物，也并非有什么深远的意思，甚至可以说善恶不是性质不同，而是同一性质的量的差异。简言之，例如"爱"是善，但若是发挥得不合时宜，或者过头了，或者陷入不足的话那就是恶了。说苏秦张仪窥视良知的妙用，却将之运用于不善，也就是这个意思。那么相关事物的"恶"到底是如何产生的呢？对于这样的疑问，王阳明是这么回答的：无善无恶理之静，有善有恶气之动，再就是顺从理的是善，因气而动的是恶。这些说明和"理""气"同一论明显是矛盾的，只能是回到了朱子的理气二元论了。

既然在"恶"这一概念上朱子和阳明没有不同，那么在可能的根据上，两者也是完全一致的。理气同一说在现实的说明上有了破绽，可见理气同一说是自上而下的理论，而不是自下而上的理论的结果。正如前面所述，阳明出发的境地，在于所有行为都在无意识中实现客观的正确性。在这里是不会存在"恶"的。不仅是现实性，连作为固有的可能性也是不可能存在的。不可能说明"恶"的存在的理气同一说却仍然存在，就是这个原因。理气同一说不能说明"恶"的存在，也是这个原因。关于这一点，我们想起了刚才提到过的关于四字诀的理论。

我们曾经说过，阳明用"四无说"来指导利根，用"四有说"来指导钝根，前者是本体无善恶、意也无善恶。相反，如果意有善恶的话，那么本体也有善恶，因此与理气合一学说立场相反，后者是站在本体无善恶的立场的，因为意有善恶，所以理无善恶，但气有善恶。不过，虽然前面没有触及，阳明认为，利根之人世上难遇，即使是颜子、程明道也不敢承当，因此比起"四无说"来说，"四有说"更有用些，便极力主张"四有说"是彻上彻下的功夫，是自己的宗旨等。而且将"四有说"也称作"四字诀""四句教""四字教法"，可见是阳明的重要思想之一。阳明承认"四有说""四无说"有各自的价值，并不是其本意，他是左袒后者的，但也有学者认为是为了引导扶持而容许前者。"四无说"也就是本体即功夫说，如前所述，其扎根于阳明学体系，所以这样说似乎有些过头，但如果说起"四有说"的重要性的话，相关学说的产生就绝非偶然了。说"四有说"脱离了本体即功夫说、舍弃理气合一说的话，也可说阳明的思想确实有些后退。尽管如此，附加如上所述的重要性，是因为现实的人不适用于阳明的本来理论。现实的人用阳明的话来说是钝根，必须习心屏蔽本体。也就是说，做不到本体即功夫。稍有后退不可避免也就是这个原因。因此，这个稍有退后是自己的理论在处理现实时的无力的告白。这是自上而下的理论不可避免的命运，自上而下的理论确实是因为这个理由，才不能照亮下方的现实。

附注：关于阳明学，友人保田清君有一本佳作《王阳明》。① 直率地讲，好友的解释和我的解释之间有相当的距离，然而我之所以能把以前含糊的想法总结成清楚的形式，却是对友人的解释作了反复思考的结果。记下这些是为了表示对友人的谢意，也相信这是作为朋友的义务。

[本文原载《东方学报》（京都）第十四册]

---

① 译者注：保田清（1913—1999），日本著名伦理学家，安田二郎的后辈。神户人。1937 年京都帝国大学文学部毕业。1950 年任京都大学教养部讲师、51 年助教授、62 年教授、77 年退休。著有《王陽明》（弘文堂 1942 年出版）、《道德の生成》（有信堂 1952 年出版）、《道德哲学の基本》（法律文化社 1988 年出版）等著作。

安田君遗著跋

武内义范

清晰地记得与安田君的第一次见面，那是昭和八年（1933）四月下旬的一个星期六。这一天刚考入京都哲学科的我，第一次去拜访田边元老师家。走进房间时，很多客人已经先到达，以老师为中心大家进行着激烈的讨论。在谈话中也知道了那些人都是知名的新锐哲学者。刚考入哲学科的我对于如此高水平的谈论很是惊讶。到了傍晚，大家都要告辞回家时，老师特意挽留了我们刚入学的几个人，并亲切地对我们说："今天因为来了许多前辈，大家很难插得上话吧，有什么大家别客气，尽管提出。"我们鼓起勇气，就想学习哲学以及应如何阅读书籍等问题向老师请教。夕阳照耀着吉田大路，我们充满着希望沐浴在夕阳最后的光芒里离开了老师家。我、安田君以及现在就职于金泽第四高等学校的安藤孝行教授，归路时偶然同行。我们夕阳下相互介绍自己。安田君比我大一届，他和安藤君是同届。

这一天对于我来说是永远值得纪念的一天。这一天我不仅遇见了一位好老师，也结交了两位好朋友。脚踏实地地研究、明确地进行逻辑分析是这两位好友的共同学风。对一目十行而留不下很深印象的我来说，如此坚实的学问态度犹如他山之石。对安田君第一印象是严谨。纤小身板的君有着敏感的一面。之后随着亲密接触，迟钝的我反而敬佩君细小的身板里储存着惊人的精力。有时候君对我说："我要是连续睡五个小时以上的话，脑子就会不好使。"对于安田君来说，剩下的十九个小时大部分都是在学习，因此专心程度是惊人的。君在英语、德语、法语这些欧洲语学自不用说，在拉丁语方面也有着不输专业人士的读书能力，这当然也有着天赋，但是首先跟努力是分不开的。安田君的严谨程度和最初的印象一致，这是君的特点。后来君专注中国哲学，研究朱子学，这也符合君的内在个性。安田君在这方面具备了高度的汉文读解能力，其实力可以说是专家。我出身于儒学世家，因此自身对东洋思想也颇感兴趣，但是随着专业化的深入，我也不懂君的学问了，但还是对君的学问颇有兴趣。安田君的学风严谨周密，一字一句都精心推敲。因此其思想倾向也自然带有实证性。君对东西方思潮，始终通过原著去加以理解，因此君的学问深不可测。有一次，我将道听途说来的马勒伯朗士也著有和中国思想有关的著作一事讲给君听，安田君当时并没有说他知道。但听说我想知道其内容后，君马上从书架抽出那本书，"其实我最近挑着在读"，并告诉了我其大概内容。从学生时代到现在，我们都以君为中心进行了多次轮读学习会。我们和安田君共同阅读了黑格尔的《逻辑学》、康德的《实践理性批判》、亚里士多德的《尼各马可伦理学》、笛卡尔的《方法论序说》等。君那正确的语学知识和缜密的思想分析始终都是出类拔萃的。因此君博学的知识和脚踏实地的学习态度一旦开花，就应该是非常出色的结果。在中国学领域，像君那样类型的学者应该还没有过吧。但是正因为不容易，所以必须耗费时光。命运残酷地挫败了君的努力。

门外汉的我是不大好下判断的。但是刊登在此的所有论文，与君将来期待的作品相比较的话，不用说只不过是习作吧。君的作品比较少，这里的一两篇仅表现了君博学知识的一部分，还未体现君的全部实力。到现在这些论文虽然美中不足，却成为缅怀君的伟大遗作（当然这些劳作在学术界也备受好评）。

安田君比我年长三岁，但结婚我早二年。君结婚前，在一次散步中对我说道："有什么值得特别注意的地方吗？"我胡乱地忠告了几句，说："君比较严肃，太理性化，多一点温柔就好了。"君吓了一跳，看着我的脸，说了一句"谢谢"，恭敬地行了一个礼。这多么符合君的性格呀。安田君的家离我家不远。我们的交流很密切。有一个秋日，我们拜访了君在东方文化研究所旁边的家。随后大家请君带我们参观研究所。由于是星期日，偌大的研究所很安静。我们被带到了朝南的君的研究室。君还带我们参观了研究所的图书室。随后我们登上高高的望楼，眺望秋日绚丽的京都市街。走下望楼时，我和安田君殿后。回眸一望，看见君的眼光里充满了幸福。君那直率的幸福深深感动了我。此刻我们心有灵犀。

君家不多久诞生了一个女儿。君也得到拔擢，到中国留学去了。我至今还记得，当是时君那开朗的妻子脸上充满希望。但是幸福并不长久。君得病归国，最终没有痊愈。君那全心全意为君看护的妻子，也先君而去。当君在兄弟们的搀扶下离开京都时，我故意没有去送君。借口是学校有课，加之想到很快就要去君的家乡探望君，其实还是不想把君悄然孤影离开京都一事搞得那么凄凉。前一天去大学病院探望、向君作别时，君对我不去送他感到特别的悲哀。真该请一个假，直到现在我还在后悔。因为最终没能再见到君。

君离开京都以后空袭不断激化，都市的生活变得躁动起来。我为君在乡下能安静地养病感到高兴，直到君父亲捎信来说君已经去世为止，还坚信君会恢复健康，以不屈不挠的精神从不幸中站立起来。

生死有命富贵在天。我们不是在学生时代一起看过电影《不屈号商船》吗？那是十年前的事。君告诉我，开头的那一句，是犬儒派哲学家的话。君的博识，君的勤奋、才能和努力，到底是为了什么？难道都是徒劳的吗？秋日脚踩风卷落叶时，我经常想起君那幸福的笑容。想从冷彻寂寞的心灵深处，叫唤君的名字，疾呼："到底是为什么？"

安田二郎《中国近世思想研究》解说

岛田虔次

已故安田二郎氏（1908—1945、享年 37 岁）在其短暂生涯发表的学术论文合计八篇，执笔年代顺序如下：

《朱子存在论中"理"的性质》　1939 年 9 月

《关于朱子的"气"》　1939 年 10 月

《关于朱子解释敬仰津田博士的教诲》　1940 年 4 月初稿　7 月修订稿

《关于朱子的习惯问题》　1940 年 11 月演讲　1941 年 1 月修订稿

○《孟子字义疏证的立场》　1941 年 10 月

○《孟子字义疏证译稿》　1941 年 12 月序文

《陈白沙的学问》　1943 年 3 月

《阳明学的性格》　1943 年 4 月

除此之外，还有未发表的 1935 年 3 月京都大学哲学科的毕业论文《关于中庸》以及《朱子语类》的译稿。

上面标有○符号的两篇文章，是在其死后三年的 1948 年 1 月，作为安田二次郎的译作《孟子字义疏证》，附上吉川幸次郎的《安田二郎君传》、入矢义高的《编集后记》由养德社发行出版。剩下的六篇全收集在本书、作为《中国近世思想研究》于次月的 1948 年 2 月由弘文堂发行出版。在大约 25 年之后的 1971 年，前者经过近藤光男氏的校正，作为安田二郎、近藤光男《戴震集》（朝日新闻社《中国文明选》）再版。紧接着就是《中国近世思想研究》的重新出版。（筑摩书房 1976 年 1 月版）

在其短暂的生涯中，论文的数量不算多。然而 1939 年开始发表后，除了去中国留学、发病和临死的最后两年以外，每年都有一两篇发表，实质上可以说是处于平均或者平均以上的多产水平。假设其没有英年早逝的话，到底会留下多少业绩呢？这一点首先让人扼腕。

虽说留下的论文数量不是很多，但是仅有的数篇论文都是中国思想史研究，特别是近世也即宋朝以后的思想史研究，人们都不得不承认这些论文都是极其独特的作品。特别是论述朱子的"理"和"气"的论文，即收入本书最初的两篇，堪称朱子研究史上划时代的里程碑式的作品。

下面想按照本书的排列顺序，对这些论文进行解说。

《关于朱子的"气"》

众所周知，朱子存在论的基础概念分为"气（一气）、阴阳（二气）、五行、万物"。一般都解释为通过对"一气"加以某种限定而产生"二气"，再对"二气"加以某种限定而产生五行，再在此之假定有着生成论式的、形而上学式的阶段性差异。果真如此吗？关于气和阴阳、阴阳和五行、五行和万物的关系，若仔细推敲朱子的话，上述解释无论如何是解释不通的。一气和阴阳二气之间，没有任何次元上的不同。只不过认为气之动（认识立场上相对的动）为阳（部分），气之静为阴（部分）。五行虽与被称为"质"的气有区别，但绝不是和阴阳二气不同的次元，而只不过是气的各种程度上的凝结物，因此通常被认为是属于阴阳（火木为阳、金水为阴）。于是，这样的气和五行相结合即构成了万物。也就是说在朱子的存在论中，所有的存在被认为都是阴阳二元，且所有的存在归结起来都是唯一"气"的连续观互为表里。因此二元论也是一元论。